El valor sistémico
de las organizaciones

Coordinación editorial:
DÉBORA FEELY

Diseño de tapa:
DCM DESIGN

ENRIQUE G. HERRSCHER

El valor sistémico de las organizaciones

Variables, procesos y estructuras

GRANICA

BUENOS AIRES - MÉXICO - SANTIAGO - MONTEVIDEO

© 2010 *by* Ediciones Granica S.A.

BUENOS AIRES   Ediciones Granica S.A.
Lavalle 1634 - 3º G
C1048AAN Buenos Aires, Argentina
Tel.: +5411-4374-1456
Fax: +5411-4373-0669
E-mail: granica.ar@granicaeditor.com

MÉXICO   Ediciones Granica México S.A. de C.V.
Cerrada 1º de Mayo 21
Col. Naucalpan Centro
53000 Naucalpan, México
Tel.: +5255-5360-1010
Fax: +5255-5360-1100
E-mail: granica.mx@granicaeditor.com

SANTIAGO   Ediciones Granica de Chile S.A.
Padre Alonso Ovalle 748
Santiago, Chile
E-mail: granica.cl@granicaeditor.com

MONTEVIDEO   Ediciones Granica S.A.
Scoseria 2639 Bis
11300 Montevideo, Uruguay
Tel: +5982-712-4857 / +5982-712-4858
E-mail: granica.uy@granicaeditor.com

www.granica.com

ISBN 978-950-641-574-7

Hecho el depósito que marca la ley 11.723

Impreso en Argentina. *Printed in Argentina*

Herrscher, Enrique G.
El valor sistémico de las organizaciones : variables, procesos y estructuras . - 1a ed. - Buenos Aires : Granica, 2010.
224 p. ; 15x22 cm.

ISBN 978-950-641-574-7

1. Organizaciones Empresariales. 2. Sistemas. I. Título
CDD 658

Dedicado a Alberto y a Carlitos
(*in memoriam*)

ÍNDICE

PRÓLOGO

Este significativo y nuevo aporte del Dr. Enrique Herrscher, aunque orientado hacia las organizaciones económicas, y en particular hacia las pequeñas y medianas empresas (PyMES), tiene el carácter generalista y sistémico que reivindica su título.

Se inscribe como un desarrollo lógico importante a su obra anterior –en particular la que trata del management sistémico para PyMES[1]– y puede aplicarse con naturalidad en el marco más amplio de las sociedades humanas en general, pasadas y presentes, y de sus metas en todos los órdenes.

Como decían los romanos, "*Primum vivere, deinde philosophari*" ("Primero sobrevivir, después filosofar").

Cualquier tipo de organización humana surge inicialmente de una necesidad, o al menos de alguna posibilidad que aparece en el entorno en el que le cabe desarrollarse.

Dicho entorno es siempre complejo y difiere ampliamente según los lugares y las épocas.

---

1. Se refiere a *Aprender y actuar. Management sistémico para PyMES*. Granica, Buenos Aires, 2009 (N. del E.).

Presenta aspectos muy diversos que se materializan para los seres humanos como necesidades, oportunidades, posibilidades… o *impasses* (cuando se hace –quizás técnicamente muy bien– algo que no conviene hacer).

La cuestión del entorno –que el autor ha desarrollado en otras de sus obras[2]– enmarca y condiciona las características, variables y "mapas" de organizaciones que aborda este libro. Más que comentar sobre la lucidez de tal tratamiento, en este Prólogo he preferido enfatizar el entorno en el que nacen, crecen y decaen las organizaciones. Cabe destacar, entre otros, los siguientes aspectos:

Ecológicos: el hombre tuvo siempre que adaptarse a las condiciones específicas que le imponían entornos muy diversos. Entre extremos como la situación de los esquimales en el Ártico, o los tuaregs en el Sahara, se encuentra una gama muy extensa de condiciones más o menos variables e inestables, en todas las latitudes y en los diversos ámbitos continentales o insulares.

En algunos casos, las mismas poblaciones humanas modificaron adrede y profundamente su entorno, como por ejemplo los holandeses en el Zuiderzee, o simplemente de manera inconsciente, como efectos no imaginados o planificados de sus actividades.

La desaparición, hace ya siglos, de las antiguas selvas en Europa Occidental o el avance reciente de los desiertos en Asia Occidental y en el Sahel en África, en parte al menos por prácticas agropecuarias inadecuadas, son ejemplos históricos bien documentados.

Estas grandes transformaciones, o sea "decisiones" en condiciones de "riesgos", llevaron con frecuencia a graves imprudencias ecológicas colectivas que se produjeron y

---

2. Se refiere a *Pensamiento sistémico. Caminar el cambio o cambiar el camino* y *Planeamiento sistémico: un enfoque estratégico en la turbulencia*, ambas de Ediciones Granica, Buenos Aires, 2003 y 2008, respectivamente (N. del E.).

agravaron a lo largo de las generaciones, y cuyas desastrosas consecuencias se hacen cada vez más evidentes en gran cantidad de regiones.

Económicos: muchas actividades económicas –en particular en sus formas intensivas actuales– se basan en la explotación cada vez más acelerada y masiva de recursos no renovables de energía fósil (petróleo, gas natural, carbón) y nuclear (uranio). Se trata de una situación insostenible a largo plazo, que llevará a una crisis decisiva probablemente antes de fines del siglo XXI.

Si no se logra de manera eficiente y a tiempo el reemplazo general de los combustibles fósiles y nucleares por energías permanentemente renovables, el modelo económico presente está destinado a desaparecer… quizás de manera dramáticamente conflictiva.

Demográficos y sociales: la quintuplicación de la población planetaria durante el último siglo ha sido posible principalmente por el uso masivo de los recursos naturales no renovables. Nadie sabe hasta ahora cuál es la "capacidad de carga humana" *permanente* del planeta en función de los recursos verdaderamente renovables y/o reciclables… y el tema no desvela aún a muchos. Sin embargo, como es posible que estemos ya superando tal capacidad, una oscilación de relajación demográfica –por hambrunas, epidemias, y/o conflictos bélicos masivos– parece inevitable durante el siglo XXI.

Políticos: es posible que los problemas y las crisis ecológicos, económicos, demográficos y sociales se presenten de manera más o menos simultánea en las distintas regiones del planeta, por tener las mismas causas generales. Considerando el limitado grado de madurez y entendimiento sociopolítico de muchas poblaciones en las naciones del mundo, es tan probable como indeseado que las crisis eventuales se traduzcan en insurrecciones, revoluciones y guerras.

En lugar de producirse reacciones y adaptaciones racionales en las masas, presas de grandes angustias colectivas, arriesgamos ver nuevamente la emergencia de ideologías pseudorracionales generadoras de violencias extremas, similares a las que provocaron tantos dramas en el siglo XX. Considerando los enormes progresos tecnológicos realizados en el "arte" de las masacres revolucionarias y bélicas, se necesitarán esfuerzos mundiales para evitarlas. Y deberán ser mucho más realistas y eficientes que la acción –generalmente sólo discursiva– de los foros mundiales pasados o actuales (Sociedad de las Naciones, ONU, CEE, Liga Árabe, etc.).

Tácticos: la característica más significativa –útil, pero también peligrosa– de las actividades humanas es su carácter empírico y circunstancial, mediante sucesivas metas de corto plazo, y además discoordinadas e incompatibles en función de alguna visión cualquiera de los futuros posibles, que fuera global y de largo plazo, y tuviera en cuenta los interrogantes y las incógnitas que nos señala Herrscher.

Este empirismo azaroso y fragmentado suele provocar:

- efectos benéficos, neutros, o negativos para los otros actores colectivos en las sociedades;
- efectos circunstanciales, recurrentes, o permanentes, de difícil pronóstico;
- efectos imprevistos y pérdida del control de la evolución de las situaciones.

Tales improvisaciones, repetidas e ineficientes, deberían ceder el lugar a una reflexión coordinada colectiva acerca de las metas y métodos de nuestras sociedades en todo el planeta, o sea "mapas" para orientarnos, ya no para casos individuales, sino para el conjunto.

Intelectuales y espirituales: la generalización de los temas que constituyen preocupaciones a nivel mundial requiere ahora de parte de las élites intelectuales y espirituales de las naciones, razas y religiones, una expansión y maduración intelectual y espiritual universalista sin precedentes.

La búsqueda de valores y normas aceptables y aceptadas por todas las culturas del planeta es seguramente el verdadero fundamento y la condición básica para llegar a su integración y armonización recíproca.

Tal transformación es tan urgente como difícil en la práctica. Implica la superación de grandes obstáculos en las comunicaciones entre culturas, en particular en términos religiosos, psicológicos y lingüísticos.

El momento presente nos exige –más que nunca en el pasado– meditar acerca de la historia bíblica de Babel, para trascender la "confusión de las lenguas", y evitar a tiempo un lamentable retorno a la barbarie y/o la destrucción de nuestra civilización, tal como la conocemos.

Los elementos que contribuyen a este "valor sistémico de las organizaciones" que nos señala y nos expone Enrique Herrscher, representan sin duda una significativa contribución a un mejoramiento de nuestras organizaciones en el plano colectivo, tanto o más aún que en el nivel puramente material y práctico, también tan necesario.

Su máxima difusión posible sería, sin duda, de la mayor utilidad.

CHARLES FRANÇOIS*

---

* Fundador y presidente honorario del Grupo de Estudios de Sistemas Integrados (GESI), máximo referente de la Sistémica en la Argentina desde hace más de 30 años (N. del E.).

INTRODUCCIÓN

Este libro consta de dos partes. La primera responde a un pedido de la Editorial: "Enrique, trate de rescatar y actualizar los capítulos que describen **las variables más 'duras' de las organizaciones –riesgo, costo, inversión, ganancia y precio–** contenidas en el primer libro que publicó con nosotros, *Introducción a la Administración de Empresas*, que ya tiene casi 10 años y está por agotarse". Me encantó la idea. Son temas (y posiblemente la forma de tratarlos) que despertaron singular interés entre alumnos, emprendedores y directivos de empresas. Aquí están, pues, los capítulos 2, 3, 4 y 5, con muchos agregados, supresiones y modificaciones originadas en cambios en el mundo, en el país y en mi forma de pensar, quizás –por los años– más reposada, más humanística, más orientada a lo social. Sin embargo, siguen siendo las variables más "duras", las que mayor contradicción muestran entre lo que "es", lo que "podría ser" y lo que "debería ser", entre metas y restricciones, entre las apariencias y la realidad vista con mirada sistémica.

La segunda parte presenta dos "novedades", dos temas que ocuparon mi atención en los últimos tiempos: **¿puede medirse hasta qué punto la acción (no el pensamiento) de una organización se acerca al "ideal sistémico"?** y **¿cómo definir ese ideal, sin caer en lo rígido, declarativo o abstracto?**

A eso se refiere el Capítulo 1. Para tal enfoque no he logrado encontrar antecedente alguno en la bibliografía, pese a que está llamado a producir, a mi juicio, un significativo cambio en las posibles relaciones entre la comunidad sistémica y el mundo de las organizaciones.

Por otro lado, he agrupado en el Capítulo 6 una serie de "mapas" que nos ayudan a entender procesos complejos, señalar rutas o vínculos a veces sorprendentes, y **lograr estructuras que favorezcan la cohesión, la colaboración y el trabajo armónico**. Son gráficos que van desde los clásicos mapas conceptuales, pasando por los circuitos causales y de flujos, hasta los diseños recursivos de los sistemas viables de Stafford Beer y diversos organigramas innovadores diseñados con sentido sistémico. Se trata de herramientas que suelen presentarse "sueltas" y que, agrupadas de este modo, ayudarán a estudiantes, investigadores, empresarios, directivos de organizaciones sociales y responsables de entidades públicas, a seleccionar las más aplicables a cada circunstancia.

Todo esto se presenta con mi "estilo amigable" habitual de otras obras: el diálogo tipo "ping pong" con mi hija de ficción, con quien, mientras hablamos de estos temas, vamos caminando por los senderos que llevan a los refugios del Club Andino Bariloche, o haciendo rafting en el río Manso, o ascendiendo al pico Argentino del cerro Tronador. Como he dicho en varios de mis anteriores libros, esta ambientación en los más hermosos paisajes de la Argentina no distrae de la hondura de los temas, pero hace más fácil leerlos… y escribirlos.

Suelen preguntarme (sobre todo los alumnos más jóvenes, que se entusiasman con estas caminatas en la montaña) si es verdad que fui a todos esos lugares, que tengo una hija, que fui con ella, que hablamos de estos asuntos, y cuándo ocurrió todo eso. Respondo en ese orden: sí, a todos; sí; algunas veces; ciertamente NO; casi todo en la década de los '50. Las caminatas y demás aventuras tuvieron lugar, no con mi hija de verdad (salvo al Frei y del Frei al Jacob, padre e hija años más tarde) sino con amigos muy queridos, entonces todos veinteañeros. Algunas de las caminatas a refugios las repetí de grande, y también el rafting fue hace poco. Un particular recuerdo para los verdaderos integrantes de la cordada en la subida al Tronador: Mariluz, Vida, Raimundo y yo, más el querido guía Carlitos Sonntag, fallecido mientras se escribían estas líneas.

En cierto modo, el presente volumen "hace juego" y se complementa con *El círculo virtuoso: cambiar - planificar - aprender - cambiar* (Granica, Buenos Aires, 2007), que también toma como fuente capítulos (otros) de aquel primer libro citado al principio. Para la edición de 2007 (a diferencia de este) había seleccionado las variables "más blandas" de las organizaciones, como ya se desprende de su título. O sea que entre esas dos obras se completa la actualización de las partes más "sustentables" (de valor más permanente) de aquel proyecto de echar **una mirada diferente al mundo de las organizaciones**, desde la óptica de los sistemas, de la cibernética y de la complejidad.

Un párrafo especial merecen las dedicatorias. Por una parte, Alberto Hidalgo, tempranamente fallecido a principios de 2009, fue durante muchos años infatigable compañero de muchas andanzas en el sur argentino y chileno, incluido el rafting del Capítulo 1. Aquí lo homenajeamos como emprendedor, por su particular estilo, empuje y visión, creador de un emprendimiento modelo. Comenzó su laboratorio de análisis clínicos en un garaje, donde trabajaban él y su esposa. Invirtieron cada peso que entraba en perfeccionar su equipamiento con las últimas tecnologías.

Siempre tuvo un singular don para tratar a sus empleados y una sincera amistad con cuanto artesano o comerciante integrara su barrio de toda la vida. Hoy su familia conduce un establecimiento modelo de prestigio internacional con más de 200 personas. Otro compañero de andanzas por la zona de Bariloche, Raimundo Guthmann, también presente en estas páginas, cuando tuvo oportunidad de dirigir el hospital zonal de esa localidad, lo dotó del mismo nivel de calidad y eficacia que las mejores clínicas privadas de la región. Ambos ejemplos muestran que, **tanto desde la excelencia privada como pública, un mundo mejor es posible**.

Por otra parte, homenajeamos a nuestro inolvidable guía de montaña, el ya mencionado Carlitos Sonntag, que cinco décadas antes nos había enseñado no sólo a escalar sino a caminar, a amar a la montaña y a respetarla.

Una vez más, mi agradecimiento a Ediciones Granica, en especial a sus directivos Ariel Granica y Claudio Iannini por su continuada confianza, y a Débora Feely, Lucila Galay y Margarita Hurovich, sin cuyo eficaz trabajo y apoyo este libro no sería posible. También gracias a Guillermo Fernández Lamas, que ayudó con los gráficos y a dirimir a mi favor algunas luchas con la computadora. Pero por sobre todo, mi enorme agradecimiento a mi maestro Charles François por sus consejos, por sus enseñanzas de tantos años y ahora por su profundo prólogo. Asimismo, gracias a José Pérez Ríos (Universidad de Valladolid), John Morecroft (London Business School), Markus Schwaninger (Universidad de St. Gallen) y Jamshid Gharajedaghi (Director de INTERACT, Centro para el Diseño de Sistemas Interactivos, creado por el gran maestro sistémico (recientemente fallecido) Russell L. Ackoff), por permitirme utilizar su material y por todo lo que me enseñaron. También quiero agradecer a las instituciones donde aprendí y pude compartir mucho de lo que hay en este libro: la International Society for the Systems Sciences

(ISSS, hoy presidida por Allenna Leonard), la Asociación Latinoamericana de Sistémica (ALAS, en su presidente saliente, Ignacio Peón, y el entrante, Ricardo Barrera), el Grupo de Estudios de Sistemas Integrados (GESI, en su presidente Roberto Porebski), y la Sociedad Latinoamericana de Estrategia (SLADE), presidida por Guillermo Baena López (Internacional) y Eduardo Dalmasso (Córdoba). Finalmente, como siempre: ¡gracias, Sonia, gracias, familia!

CAPÍTULO 1

LA VARIABLE SISTÉMICA

A orillas del hermoso lago Steffen, en la zona de nuestro querido Parque Nacional Nahuel Huapi, a unos 60 kilómetros de la ciudad de Bariloche, le comentaba a mi hija, compañera inseparable de estas aventuras:

–El rafting, como el que vamos a emprender dentro de un rato, es, a mi entender, una muy fiel metáfora de la conducción sistémica de una organización. Si bien hay un timonel, este no puede por sí solo conducir la embarcación. El timón solamente le responde si los remeros le imprimen la velocidad necesaria, además de apoyar toda maniobra remando –cada uno de los casi siempre cuatro por banda– con todas sus fuerzas, ora para adelante, ora para atrás (o en forma suave, o en pausa, o frenando) según indique el timonel. En otras palabras (y aquí viene la metáfora): del esfuerzo de los remeros (del equipo), sobre todo de la velocidad (de la eficacia) que logren imprimirle, depende que el timonel (el conductor de la organización) pueda realizar con éxito la maniobra que haga falta (pueda ejercer de manera efectiva su liderazgo). Si eso falla, estrellarse contra una roca será la consecuencia obligada, por más talento que tenga el timonel.

También interviene, y mucho, el contexto. Nos impulsa la correntada, a ratos calma, a ratos fortísima, con remolinos a veces en direcciones opuestas, a los que constantemente debemos adaptarnos. Todo parece una carrera de obstáculos, que para la mayoría de los tripulantes aparecen de improviso, aunque se supone que el timonel los ha vislumbrado con anticipación y los conoce, pese a que también él se encuentra con sorpresas imprevistas.

Toda esta actividad en el agua requiere: (a) una minuciosa preparación antes (en tierra); (b) una absoluta interdependencia en la que lo que realiza cada uno incide en lo que hacen los demás; (c) un sentido holístico, integrador, tipo "uno para todos y todos para uno" (que bien se nota cuando alguno se cae al agua); (d) un sentido de pertenencia, de estar (literalmente) "todos en el mismo bote", y (e) una gran sinergia, de "todos juntos al mismo tiempo", aun cuando cada grupo hace lo suyo según requieran las circunstancias. Todo muy sistémico.

Esa fue, en aquel año (dejemos la fecha flotando en la nebulosa) la primera actividad que realizamos apenas llegados, como en ocasiones anteriores, a esa zona de bellezas naturales en la parte norte de la Patagonia argentina. No fue fácil, ni siquiera para la camioneta 4 x 4 de los experimentados organizadores del rafting, bajar desde la carretera al lago por un descenso muy empinado, no recomendable para vehículos comunes. Al borde del lago hay una playita donde se dan las últimas instrucciones y consignas del mini aprendizaje a que todos sin excepción son sometidos, se reparten los salvavidas y los cascos, se arma el gomón y –para los que quieren inmortalizar el instante– se sacan las tradicionales fotos, todos disfrazados de acuanautas. Y comienza la aventura.

Obviamente, la primera pregunta de mi hija, con larga experiencia de andar por la montaña prestándose a diálogos de ficción[1] sobre temas que nos interesan a ambos, tenía que ser, tras escuchar esas reflexiones que venía haciendo en voz alta:

–¿Por qué le das tanta importancia a la similitud entre el rafting y lo sistémico? ¿Y por qué es importante eso para las organizaciones?

–Empecemos con la primera pregunta. Muchas veces, al que dirige una empresa, grande o chica, lo han llamado "timonel". Es una buena metáfora náutica. Pero tanto en una lancha pequeña como en un gran barco, el timonel está, él solo, a cargo de la acción: de seguir el derrotero, o de cambiar el rumbo. En cambio, ni en el rafting ni en las organizaciones[2], ni tampoco en la Sistémica[3], tiene vigencia (o no debería tenerla) la palabra "solo".

–En qué quedamos: ¿es un hecho, o un deseo?

–Ambas cosas a la vez. Pero la coincidencia es más fuerte en el rafting: si no actuamos en forma coordinada, nos hundimos enseguida. En cambio en las organizaciones, la falta de cohesión puede producir el "hundimiento" muy pronto, o bien recién al año o más tarde, pero igualmente será, en algún momento, "casi inevitable".

–Con eso ya me contestaste la segunda pregunta, pero estoy segura de que hay mucho más que hablar.

–Ciertamente. Siendo tan importante para el rafting la acción mancomunada de todos, debería ser de interés evaluar, para cada equipo de remeros y timonel, hasta qué punto esa cohesión efectivamente tiene lugar, o sea en qué medida la acción logra ser verdaderamente mancomunada.

–¿Y eso tiene un nombre?

–No, pero se lo daremos en este momento. Me gustaría llamarlo "el valor sistémico de un equipo de rafting".

–¿Entonces "sistémico" y "cohesionado" son lo mismo?

–En realidad no: lo sistémico comprende muchas otras características[4], pero, a mi juicio, la cohesión entre las partes que conforman un sistema, que estén relacionados todos con todos en pos de un fin común, es por lejos la más importante.

–¿Y querés aplicarlo a las organizaciones?
–Exactamente.

–Me parece obvio que cuanta mayor cohesión exista, por ejemplo en una empresa, mejor.
–De acuerdo, pero cuidado con lo de "obvio". Cuando vas al fondo de las cosas, pocas son realmente obvias.

–¿Por qué? ¿Qué pasa en este caso?
–En primer lugar, habría que ver "mejor" para quién. Una cosa es una de esas grandes empresas con muchos accionistas, inversionistas anónimos y directivos encumbrados en jerarquías, en cuyos bolsillos queda el resultado de ese "mejor". Otra distinta es una de esas empresas medianas, muchas veces sostén de una familia y quizás del barrio o aun de una localidad, en la cual el excedente de aquel "mejor" se reinvierte a fin de que el emprendimiento se desarrolle y sea sustentable a través de las generaciones[5].

–¿En un caso lo "mejor" es malo y en el otro es bueno?
–De ningún modo. No se trata de tamaño ni de composición accionaria: es más complejo que eso. Se trata de lo que una empresa hace y de cómo lo hace: muchas tienen un efecto neto benéfico para la sociedad, mientras que en otras el efecto social es negativo y hasta nefasto.

–¿Y en segundo lugar?
–Puede que no aprecies el enorme salto que estamos dando al centrar la atención no en lo que se *piensa* sino en lo que se *hace*.

–Me parece que esto ya no tiene que ver con el rafting.
–Muy cierto. En el rafting, por supuesto no existe un cuerpo doctrinario ni una base teórica, ni un grupo de gente

que desde hace 60 años ha ido elaborando ideas para afinar el concepto y aplicarlo a la solución de problemas. En cambio, gran parte de los trabajos en el campo de la Sistémica están basados en la teoría o, en un sentido más amplio, en el pensamiento sistémico propiamente dicho[6]. Sin embargo, para los que nos ocupamos del buen funcionamiento de las organizaciones, *actuar* sistémicamente es tan importante como *pensar* sistémicamente. Sin embargo, sobre este subtema se escribe menos[7].

–Pero algo se debe haber escrito al respecto.

–Cierto. Una de las obras que más han explicitado estas dos caras de la moneda (aun cuando están estrechamente relacionadas) es *Metanoia*[8] de Günther Ossimitz y Christian Lapp[9], subtitulado *Una introducción al pensar y actuar sistémicamente correctos*, pero no es de fácil acceso, pues está en alemán. Este trabajo divide la Sistémica en cinco grandes campos: (1) el *pensamiento* en términos de redes (*vernetztes Denken*), (2) las dinámicas temporales, (3) el pensamiento en modelos, (4) la *acción* sistémica (*systemgerechtes Handeln*) y (5) la autoorganización y los sistemas vivientes. El cuarto capítulo nos ha inspirado algunas ideas al tratar de elaborar –mejor: de ir elaborando– una corta lista de *"buenas prácticas"* desde el punto de vista sistémico.

–¿A qué llamás, en las organizaciones, "buenas prácticas"?

–Desde la óptica sistémica, principalmente: (a) a que las partes o sectores de toda organización estén integradas entre sí y con el todo; (b) a que la relación entre ellas sea eficaz y fluida; (c) a que la vinculación con el contexto sea lo más estrecha posible, y exhiba la suficiente variedad como para hacer frente a la de la realidad externa; (d) a que se manejen los problemas y las oportunidades en su multicausalidad y en sus múltiples consecuencias, tanto directas como indirectas; (e) a que exista una visión amplia, tipo "gran angular" pero que al mismo tiempo haya foco, tipo "teleobjetivo", donde haga falta; y (f) que la meta del todo prime por sobre las metas de las partes.

–¿Por qué decías antes "ir elaborando"?
–Decía "ir elaborando" tal lista, pues evidentemente no se trata de "fijar" una especie de decálogo válido "para toda ocasión", sino de iniciar un prolongado proceso, abierto a la comunidad sistémica, para ir proponiendo ciertos criterios, aplicables en algunos casos sí y en otros no. Lo que digamos aquí presenta por lo tanto tan sólo un "puntapié inicial", que espero se enriquezca con los aportes transdisciplinarios de colegas interesados en este planteo.

–Hablás mucho de transdisciplinariedad. ¿Influye en lo que estamos hablando?
–Así es. El planteo es eminentemente transdisciplinario[10]. En la evaluación de la que estamos hablando intervienen aspectos de Administración, Economía, Sociología y Psicología, disciplinas que proveen el ámbito en el que se desarrollan los elementos a observar "cuán sistémicos son". Tanto más cuando la Sistémica, no siendo una disciplina[11], brinda una metodología abarcadora e interpretativa a las disciplinas citadas, proveyéndolas de una perspectiva integradora.

–Otro aspecto al que siempre le das importancia es el contexto. ¿Cómo juega aquí?
–La idea de esa lista es eminentemente contextual, pues se basa en dos circunstancias negativas del contexto en el cual se estudian los sistemas sociales abiertos, que solemos plantear incluso antes de contar con una evidencia empí-

rica, y que hacen que "un listado de buenas prácticas sistémicas" resulte de gran importancia:

a) la mayoría de las organizaciones pasibles de ser evaluadas probablemente esté lejos de contar con todas las características que hacen a un desempeño 100% sistémico;

b) en la mayoría de los directivos, asesores, consultores y técnicos que trabajan en o para tales organizaciones, posiblemente sean frecuentes los casos de confusión y falta de rigor, y se consideren como sistémicos desempeños que no lo son.

Pero hablando de contexto, más vale que nos embarquemos en el gomón, que si no, nos vamos a quedar en este idílico contexto pero sin la excursión de rafting.

¡A bordo, y ahí vamos! Cada uno elige su sitio para sentarse. No es la gran comodidad, pero eso enseguida se olvida, pues hay que estar atento a las voces del guía para mover al mismo tiempo los remos, a veces todos igual, a veces una borda lo contrario de la otra. Ese trecho es más bien tranquilo, aunque de vez en cuando hay que esquivar una roca, lo cual siempre parece ser logrado tan sólo por un pelito.

Después de un buen rato de navegación, llegamos a una costa más plana y con menos rocas que el resto, donde los organizadores de la excursión (los dueños de nuestro querido Hotel Tronador, en el lago Mascardi) habían llegado por tierra con unas enormes heladeras portátiles con viandas para todos. Ahí salieron a relucir suculentos sándwiches y los famosos ahumados de Bariloche. Mientras admirábamos el elegante vuelo de un martín pescador a ras del agua, mi hija preguntó:

–**¿Habías participado antes en este tipo de rafting?**
–Tuve esa suerte, en tres países: por orden de cercanía, Chile, Costa Rica y Nueva Zelanda.

–¿**Eran más moviditos que este?**

–Sí, por lejos. Esta es de grado 2 a 3; la de Chile era de grado 2,5 a 3,5; la de Nueva Zelanda, de grado 3 a 4; y la de Costa Rica, la más larga que hice, atravesando durante todo un día casi enteramente el territorio nacional por entre profundos cañadones entre montañas, áreas selváticas y gritos de monos, de grado 3,5 a 4.

–¿**Qué son esos "grados"?**

–Es una escala propia de los que organizan esta actividad, desde el grado 1 (en realidad más "flotación" que rafting propiamente dicho, por ejemplo el que hice con un colega que encontré aquí por casualidad, que me llevó en su bote por el río Limay) hasta el grado 5, con cascadas profundas de las que raramente se sale sin un chapuzón.

–**Qué bueno que se pueda cuantificar (aun en forma aproximada) algo tan difícil de medir como el rafting. Deberíamos hacer lo mismo con las organizaciones en cuanto a su calidad sistémica.**

–Buena idea. Hablemos de eso.

–¿**Te parece que podríamos calificar del 1 al 5 el valor sistémico de una organización?**

–Se podría, pero yo preferiría una tabla más sofisticada: para cada una de las características, como las que vimos hace un rato, le daría un valor <0> a la total ausencia de criterio sistémico; <1> al atisbo de tal criterio; <2> a la "calidad sistémica" bastante buena; y <3> al nivel más alto: la excelencia sistémica. Y aplicaría esos valores a 12 "dimensiones sistémicas" básicas (ver Anexo I).

–¿**Cuáles serían esas dimensiones?**

–En principio (sin olvidar que esta lista es provisoria, ampliable y modificable), propongo:

1. el manejo de las partes y el todo;
2. el manejo de las relaciones y de los límites;
3. el manejo de la complejidad;
4. el manejo de la multidimensionalidad;
5. el manejo de la diversidad;
6. el manejo de los tiempos;
7. el manejo de los aspectos humanos;
8. el manejo de los conflictos;
9. el manejo de las oportunidades;
10. el manejo del aprendizaje;
11. el manejo de la conectividad;
12. el manejo de lo contextual.

–¿Por qué 12 veces "el manejo"?
–Para destacar que no se trata de lo que *piensan* en la organización, sino de lo que *pasa* dentro de ella. No es cuestión de pretender una uniformidad ideológica –por suerte la Sistémica no tiene nada parecido a un "Vaticano" que fije dogmas, sería terrible–, sino de promover *acciones* cada vez más sistémicas.

–¿Te basaste en alguna experiencia propia o ajena?
–En cuanto a las dimensiones, ahí está todo lo que aprendí de mis "maestros" en la entidad sistémica decana a nivel mundial, la *International Society for the Systems Sciences* (ISSS), en su contraparte argentina, el Grupo de Estudio de Sistemas Integrados (GESI) y, más recientemente, en la Asociación Latinoamericana de Sistémica (ALAS). Tal es así, que dos de esos grandes maestros, Markus Schwaninger de la Universidad St. Gallen, Suiza, y Charles François, creador y presidente honorario del GESI, aportaron comentarios a la lista que fueron muy útiles para su actual redacción.

–¿Y en cuanto a la metodología?
–Es el formato que desde hace años aplico en mis cursos de Planeamiento en varias universidades. En esos casos,

son 15 dimensiones que hacen a la calidad de un moderno Plan de Negocios[12]. Tan popular se volvió esa tabla, que varias veces la encontré como documento interno de trabajo en alguna empresa antes de iniciar mi tarea como consultor.

–¿Te dio buen resultado en las clases?

–Excelente. Hasta el punto de que los alumnos de Maestría se acostumbraron a autoevaluarse: no hacía falta que yo pusiera desde un 0 hasta un 3 en las 15 categorías, lo hacía cada equipo por sí mismo, según la "frase típica" que se acomodara mejor a lo que habían hecho.

–¿No hacían trampa?

–Rara vez. Pero como un aprendizaje más, les hacía hacer un chequeo adicional: pasaban su autoevaluación a otro de los equipos, que la verificaba. A veces ese control cruzado era más estricto que el mío.

–Volviendo a lo nuestro, ¿esto del valor sistémico es el único modo de evaluación de la empresa?

–Para nada. No solamente no es el único, sino que aún no está vigente: por ahora creo que lo uso sólo yo.

–¿Qué otros métodos hay?

–Los demás son muy diferentes: no apuntan al *comportamiento* sino al *resultado* de ese comportamiento; concretamente, al resultado monetario. O sea que son más cuantitativos que cualitativos, basados ora en datos contables, ora en estudios especiales, ora en transacciones reales.

–¿Cuáles son?

–Te presento 6 planteos, que aquí nos interesan más que nada a título comparativo.

1. **El valor de libros:** el monto, en cierto momento, de los activos netos de amortización, menos los pasivos a terceros (en la medida en que tales valores se revisen con motivo de una oferta de venta o adquisición, será el fundamento del *due diligence* del punto siguiente).

2. **El valor surgido del *due diligence*:** un análisis sistemático de evaluación y valuación de una empresa, casi siempre en ocasión de una posible compra/venta, que generalmente servirá como base de discusión para determinar aquel valor transaccional mencionado al final.

3. **El valor actual neto del flujo de fondos:** el monto de los excedentes financieros (ingresos netos) pronosticados para n años (generalmente alrededor de 5, más el valor residual al término de tal período) descontados a la tasa K (generalmente la tasa de interés que paga la empresa por sus deudas, promediada con la esperable renta de capital propio en función, entre otros, de la tasa país).

4. **El valor accionario:** el monto que surge –en el caso de sociedades anónimas que cotizan en Bolsa– de multiplicar la cantidad de acciones por su cotización en determinado momento.

5. **El valor combinando algunos de los anteriores:** el promedio o (más frecuente) el mayor de, por ejemplo, el valor de libros (1 o 2) y el valor actual de ingresos netos futuros (3).

6. **El valor transaccional:** el monto que está dispuesto a pagar un comprador cuando se vende una empresa (o el que se pagó, en una venta ya realizada), mayormente en función de lo que compra (1 o 2), de las ganancias futuras esperadas (3) y/o de la ventaja estratégica de incorporarla a su propia actividad (no considerada en ninguna de las cinco).

–¿Cómo se relaciona esto con el valor sistémico?

–La diferencia entre (6) y (1)[13] es lo que solemos llamar **"valor llave"**[14]. Si bien pueden intervenir factores circunstanciales que influyen en la demanda (expectativas estratégicas del comprador) y/o en la oferta (expectativas acerca de la utilización del producido de la venta por parte del vendedor), considero que tal valor llave es un importante *indicador indirecto* del valor sistémico de la empresa[15].

–¿Por qué?

–Si para alguien una empresa "vale" más que sus bienes menos sus deudas, es porque –más allá de los factores estratégicos señalados– ha logrado **integrar** dichos activos y aplicarlos tan bien a su negocio, que este adquiere –al menos a los ojos de un comprador– más valor que el que figura en la contabilidad[16]. O sea que su manejo sistémico los ha valorizado.

–Me parece que ese método indirecto tiene unas cuantas debilidades.

–Sí que las tiene. Sobre todo 5:

a) se basa en una sola dimensión, la económica;

b) se fija para la comparación en un solo momento, el de la operación y el simultáneo cierre contable;

c) asume que el valor contable de la empresa es una verdad objetiva, cuando –pese a lo que digan las normas de la profesión y lo que suscriba el contador certificante– no lo es (principalmente porque una empresa en marcha, dinámica, no puede plasmarse en una foto estática);

d) es, como dijimos recién, una forma *indirecta* de medir, a través de consecuencias. Pero estas pueden deberse a otras causas, que nada tienen que ver con lo sistémico, los citados factores estratégicos o espurios;

e) por lo general, se manifiesta concretamente sólo cuando la empresa se vende.

–Entonces me parece que ese método indirecto no es tan bueno.

–Cuidado, no confundamos. Para saber cuánto "vale" una empresa, nada mejor que saber cuánto se paga por ella. Pero eso no te dice *por qué*. Un factor importante puede ser su manejo sistémico. Para averiguarlo, nada mejor que mirar ese manejo, o sea el método directo. Significa que no se trata de respuestas mejores o peores: dependen de cuál es la pregunta.

–¿En el método directo que estás proponiendo también puede haber cuantificación?

–Claro, a su manera. Para eso pusimos la grilla de 0 a 3 para cada dimensión sistémica. Pero no sería una cuantificación monetaria.

–¿Qué valores daría?

–El máximo, obviamente, sería 12 x 3 = 36. De ahí para abajo cualquier valor, a medida que algunas de las dimensiones tengan valores parciales menores de 3.

–¿Cuál sería –no el máximo, que supongo es difícil de alcanzar– un valor "normal" o estándar?

–Eso recién te lo podré contestar cuando haya suficiente "gimnasia" en esta metodología. Como dije en una reciente reunión[17], esta metodología aún está en etapa de ensayo y deberá ser afinada, depurada y enriquecida mediante su aplicación a casos concretos.

–¿Quién se supone que aplicará este sistema en una organización?

–En un principio, replicando mi experiencia en el aula que te comenté, pensé que lo más útil sería la *autoevaluación*:

que cada emprendedor, empresario o directivo de empresa pequeña o grande o de cualquier otro tipo de organización se asigne su puntaje en cada una de las 12 dimensiones sistémicas.

–¿Ya no pensás así?
–Sigo pensando que sería lo ideal, pero ahora, después de escuchar a una psicóloga en la reunión de ALAS que te mencioné, soy un poco más escéptico.

–¿Qué dijo?
–Que en el ámbito empresario era poco probable que alguien se asignara un puntaje inferior al mejor.

–¿Vos qué pensás?
–Que ambos casos son posibles. Siempre habrá emprendedores lúcidos que sepan que es mejor la autocrítica que la complacencia. Pero para organizaciones que ya tienen una cierta estructura, la observación me parece razonable.

–¿Entonces qué pasaría?
–Que la evaluación debería ser hecha por algún asesor con formación sistémica o, mejor aún, mediante *un servicio prestado por una entidad sistémica*, tal como el GESI en la Argentina, el IAS[18] en Perú, la unidad sistémica del IPN[19] en México, así como sociedades o grupos locales en esos u otros países (como por ejemplo, en la Argentina, el CESDES[20] de la Patagonia, o la Fundación Galileo Galilei –FundArIngenio– de Santiago del Estero).

–¿Sería un servicio remunerado?
–Por supuesto, salvo que se trate de entidades de bien público a las que los mencionados órganos locales decidan donar sus servicios.

–¿Qué se haría con ese dinero?
–Pienso que una porción iría a la o las personas que estuvieron a cargo del trabajo, y el resto sería para las entidades sistémicas en cuestión, a las que buena falta les hace para fortalecer sus exiguas entradas regulares a fin de financiar sus actividades y promover el enfoque sistémico en la sociedad.

–¿Y a vos, que diseñaste el método, no te toca nada?
–Lo nuestro es mayormente voluntariado. Si alguien me quiere dar una participación como autor del sistema, encantado, pero no cuento con ello: me bastará con lo que me toque cuando intervenga efectivamente en una evaluación.

–¿Qué grado de dificultad tendría esa tarea por parte de una persona ajena a la organización?
–La dificultad técnica no sería muy grande para una persona experta en Sistémica y en Administración, dos condiciones ineludibles. En cambio, el factor clave sería la integridad.

–¿Qué quiere decir?
–Que no se deje influir, ni por un empresario con ojos de vidrio, ni por un directivo que teme consecuencias para su carrera, ni por algún hipercrítico que –por el motivo que fuere– quiera magnificar las fallas.

–En una palabra: que sea objetivo.
–Veo que has captado la idea, aunque a mí eso de la objetividad no me termina de cerrar[21].

–¿Cuál es el problema?
Acordate de lo que decía aquel insigne sistémico y matemático[22]: "creer en la objetividad es suponer que pueda haber una observación sin observador".

–¿**Cómo se aplica a lo nuestro?**
–Inevitablemente el juicio del evaluador también será subjetivo.

–¿**A qué nos lleva esto?**
–A que lo máximo a que podemos aspirar, pretender y/o exigir, es que el evaluador sea lo más objetivo posible.

–¿**Puede haber conflicto?**
–Estimo que sí: diferencias de opinión entre evaluador y evaluado, así como –creo que puede ser lo más frecuente– en la propia cabeza del evaluador. Que tenga dudas.

–¿**Qué se haría entonces?**
–En ambos casos, estimo que sería ocasión de consultar con la entidad sistémica a la que pertenece el evaluador. Quizás fuera bueno que, a medida que esta práctica se divulgue, tales entidades sistémicas tuvieran en su seno un Comité de Evaluación, o como quieran llamarlo, que se ocupe de tales consultas. Dicho órgano también podría ser el encargado de convocar, capacitar, seleccionar y asignar evaluadores en los casos en que el pedido de evaluación llegue directamente a esa entidad.

–**Me parece que encontraste una magnífica oportunidad de desarrollo para tu querido GESI.**
–Lo que encontré es el último par de sándwiches que quedaron de la vianda, pues ya estamos por continuar la navegación.

El tramo después del almuerzo fue bastante más movido que el anterior: posiblemente es el que le valió el "grado 3" del intervalo "2 a 3". Un experto escribía hace décadas[23]: "El río Manso es turbulento y muy variable. Varía entre un curso casi flemático y correntadas violentísimas con cascadas y remolinos salvajes". En la parte que nos tocó, quizás también por el día espléndido, sin viento y con cielo despejado, las aguas no eran tan "salvajes", pero unos cuantos saltos, toboganes, cascadas y pasadas rasantes entre grandes piedras y la costa sorteadas con pericia mantuvieron alto nuestro nivel de adrenalina.

Tras ese trecho turbulento llegamos a uno de esos pozones de aguas tranquilas que alternan con las grandes correntadas, y que dan ganas de darse un chapuzón. El flujo nos acercó a una deliciosa playita de fácil acceso donde desembarcamos y nos dimos el gusto de nadar en esas aguas cristalinas, después de lo cual nos secamos al sol y retomamos la charla.

–Volvamos un poco al objetivo de todo esto de que estuvimos hablando.

–El hecho de que las organizaciones se manejen más sistémicamente tiene, a mi juicio, dos objetivos principales: que sea más productivo lo que hacen, y que sea más agradable hacerlo.

–¿Para quién?

–Más agradable, sin duda para todos los que trabajan en la organización, desde el cadete hasta el presidente.

–¿Y lo de la productividad?

–Es más complejo. Para la concepción simplista "capital versus trabajo", el resultado de esa mayor productividad se lo lleva "el patrón", lo cual en gran medida es cierto, pues no pueden negarse los desequilibrios de poder en el mundo empresario.

–¿Pero...?

–Pero es una relación mutua, "aporética"[24], donde unos necesitan a los otros. Salvo que se trate de un monopolio o de una entidad mantenida artificialmente, la empresa mal manejada pronto dejará de ser competitiva, que es cuando algunos, muchos o todos los empleados perderán su empleo.

–¿**Así que la ganancia se "derrama", como dicen los economistas clásicos?**

–De ningún modo en la forma ingenua en que lo plantean ellos. Lo que hay es un fenómeno de interrelación, aunque no simétrico, al que dedicaremos una charla entera en alguna caminata en tierra firme[25].

–**En realidad, mi pregunta no iba solamente al para qué de un manejo más sistémico, sino también al para qué de medirlo.**

–Está muy bien que distingas esos dos aspectos, aunque ambos sabemos que están íntimamente relacionados. Si bien no soy de los que dicen "lo que no puede medirse no existe", sostengo sin embargo que, para el impacto práctico, medir o no medir es como el día o la noche.

–¿**Y en este caso?**

–Lo mismo. Medir lo sistémico lo hace "de día": la luz nos permite mirar y saber dónde estamos parados. Caso contrario, estaríamos a oscuras.

–¿**Qué podría pasar entonces?**

–Fundamentalmente, 3 cosas: (a) encontrarnos súbitamente con sorpresas para las que no estaremos preparados; (b) no percibir un deterioro paulatino, casi imperceptible, y que cuando estalle la crisis nadie la haya visto venir; (c) aun sin tal desenlace, sufrir una decadencia que haga que la organización funcione muy por debajo de lo que podría lograr.

–¿**Medir el valor sistémico de una organización sirve para algo más?**

–Sí, para lo más importante de todo: el aprendizaje.

–¿**Cómo es eso?**

–La iniciativa tiene un alto contenido educativo, que se manifiesta en 3 niveles:

a) aprenden las organizaciones que son evaluadas, pues toda evaluación implica señalar áreas de fortaleza y de debilidad, siendo estas últimas las que deben ser mejoradas o corregidas;

b) aprenden los evaluadores, pues el contacto con el "mundo real", al investigar cuán bien (o mucho) o mal (o poco, o nada) se aplican principios y herramientas sistémicas, generará nuevos conocimientos y alertará sobre nuevos peligros;

c) aprenden las empresas que organicen estos servicios, al llevar cuenta y razón de sus resultados, al comparar las conclusiones de distintos casos, y al compartir con la membresía –dentro de la necesaria confidencialidad– las experiencias recogidas.

Esta triple realimentación implicará quizás el mayor impacto de la propuesta para el avance de nuestro campo de acción en la sociedad.

–¿Siempre es tan importante ese aprendizaje?
–Hoy más que nunca. Cuando ocurre una crisis mundial de proporciones inéditas[26], las organizaciones del sector privado deben hacer esfuerzos increíbles para sobrevivir (algunas del sector público también sufren presiones similares).

–¿Entonces qué hacen las empresas?
–Básicamente, tienen 3 caminos, o combinaciones de ellos: (a) achicarse, o sea despedir personal; (b) bajar la calidad de lo que entregan; o (c) trabajar más eficazmente.

–¿Dónde entra lo de medir el valor sistémico?
–En lo tercero. Es un llamado de atención que apunta a maximizar la cohesión. Así como en momentos de peligro la guardia imperial de Napoleón cerraba filas, en la crisis es más vital que nunca aunar esfuerzos: que la organización funcione como un todo, sistémicamente.

–No debe de ser fácil.

–Tenés mucha razón. En las crisis aparecen con fuerza las corrientes contrarias a la cohesión, sobre todo, el famoso "sálvese quien pueda".

–Frente a eso, ¿cuál es el aporte, para quien dirige una organización, de medir el valor sistémico?

–Tomarse aunque sea un momento, dentro del fárrago de las urgencias operativas y de los dilemas estratégicos, para reflexionar sobre el grado de cohesión en medio de la crisis, y cómo fortalecerla. Esos momentos pueden significar la diferencia entre sobrevivir o quedarse por el camino. Rescatar en esas circunstancias la visión integradora, transdisciplinaria, multicausal y ética operará a favor de la "otra" corriente: no la de atacar los síntomas o la "causa única" ni el "sálvese quien pueda", sino de ver la situación con todas sus raíces y ramificaciones, así como de preservar los valores que hacen viales los sistemas sociales.

Fue entonces cuando se acercó nuestro guía/timonel para participar de la conversación: "Oí que hablaban de raíces y ramificaciones. Son un tema vital en el rafting: el que se cae al agua, enseguida piernas arriba, para no enredarse en el ramaje del fondo. Es bueno recordarlo ahora, cuando iniciamos nuestro tramo final, pues tiene sus buenos remolinos y es fácil volcar".

Efectivamente. A poco de reiniciar la navegación vimos en el agua a la tripulación entera de otro gomón, que en uno de esos remolinos se había dado vuelta. Al comprobar que no corrían peligro, ya que estaban todos maniobrando para enderezarlo de nuevo, seguimos nuestro curso. Tan sólo alcancé a decirle a mi hija:

–Fijate: en el salvataje, la cohesión es más importante que nunca. Si no hacen fuerza todos simultáneamente, cada uno con lo que le tocó en la maniobra, jamás van a enderezar el bote.

Con estas palabras cerramos la charla. Al poco tiempo amarramos en la costa, donde nos esperaba la camioneta para llevarnos de regreso. Tras ponernos la ropa seca que previsoramente habíamos dejado en el vehículo, y tomar un bienvenido mate cocido bien caliente, terminó nuestra primera aventura de ese verano.

Anexo I

12 DIMENSIONES DE LA ACCIÓN EN LA EMPRESA Y SU EVALUACIÓN DESDE LO NO SISTÉMICO HASTA LO SISTÉMICO

1. El manejo de las partes y del todo

0	Cada parte o sector se maneja en forma independiente, sin importar lo que pasa alrededor.
1	Cada parte o sector se maneja en forma independiente, aunque declara considerarse parte del todo y esporádicamente interactúa con el resto.
2	Cada parte o sector se maneja como integrante del todo, pero tratando de preservar su autonomía todo lo posible y promoviendo la optimización local (de cada subsistema) en lugar de la optimización global (del sistema).
3	Cada parte o sector se maneja como parte integrante del todo, conservando su identidad pero anteponiendo los objetivos del todo a los propios: optimización del todo, no de cada parte. Se aprecia que todos los proyectos están relacionados y encajan unos en otros como muñecas rusas.

2. El manejo de las relaciones y de los límites

0	Los procesos, las situaciones y los problemas se encaran cada uno en forma aislada.
1	Los procesos, las situaciones y los problemas se vinculan a lo sumo con las etapas o eslabones anterior y posterior de la cadena secuencial.
2	Los procesos, las situaciones y los problemas se relacionan con todas las etapas o eslabones del proceso, situación o problema más grande del cual son parte, pero sin abandonar ni debilitar los límites con los otros sectores.

| 3 | Los procesos, las situaciones y los problemas se plantean en función del proceso integral, de la situación global y de la problemática total de la entidad vista como un todo. |

3. El manejo de la complejidad

0	Se actúa como si toda causa tuviera una sola consecuencia, como si todo efecto tuviera una sola causa, como si no hubiera demoras entre causa y efecto, como si toda relación fuera lineal y todo sistema, cerrado, sin influencia del contexto.
1	Se atenúa algo esta sobresimplificación, pero sin apreciar en toda su magnitud la complejidad del mundo actual y de las organizaciones que lo integran.
2	Se reconoce la multicausalidad, la multiconsecuencia, la no linealidad, la retroalimentación y la contextualidad de los sistemas abiertos, aunque sin advertir el profundo cambio que demandan en nuestra forma de pensar y actuar.
3	Se aprecia todo lo anterior no como "complicaciones en ciertos casos aislados" sino como una suma de propiedades emergentes que conforman un nuevo paradigma.

4. El manejo de la multidimensionalidad

0	Se encaran las situaciones y los problemas desde una sola dimensión: económica, social, política, cultural, ecológica, ética, etc.
1	Se encaran las situaciones y los problemas desde una sola dimensión, pero se pide la opinión (no vinculante) a un colega o experto del área contigua o de las áreas más afines, aunque sin cambiar la óptica de la dimensión dominante.
2	Se incorporan varias dimensiones como aportes complementarios, sin amalgamar una visión múltiple e integradora.
3	Se encaran las situaciones y los problemas desde múltiples ángulos y dimensiones interrelacionados, dejando que afloren las

diferencias y tratando de contemplar lo más posible los puntos de vista (conceptos, intereses, cosmovisión) de cada uno. En cada caso, pueden ser diversas las dimensiones a considerar, pero la que jamás debe faltar es la dimensión ética.

5. El manejo de la diversidad

0	Se pretende la uniformidad total.
1	Se privilegia la uniformidad, pero se admiten excepciones que "confirman la regla".
2	Hay una inorgánica propensión a la variedad: la "línea principal" se complementa con corrientes o actitudes alejadas de ella, y se llega inclusive a dar directivas confusas para la acción, por falta de coherencia.
3	Hay una clara propensión a la variedad, una acción orgánica en pos de la diversidad y una franca inclusión de los que piensan distinto, preservando sin embargo la unidad de acción.

6. El manejo de los tiempos

0	Cada situación se concibe como una foto: totalmente estática.
1	La mayor parte de las situaciones se conciben en forma estática, pero se van introduciendo elementos dinámicos en función de procesos adaptativos o de cambios discontinuos.
2	La mayor parte de las situaciones se conciben como una película, de modo dinámico, pero sin que esa dinámica se manifieste explícitamente en un modelo de Dinámica de Sistemas o, en sentido más general, en un modelo de dinámica organizacional.
3	Todas las situaciones se observan en su dinámica, sea tendiendo al equilibrio o al desequilibrio, utilizando las herramientas dinámicas más adecuadas, acordes con el corto, mediano o largo plazo, según el caso.

7. El manejo de los aspectos humanos

0   Lo importante es la jerarquía, el orden, la cadena de mando, la estructura rígida, las normas dictadas de arriba hacia abajo y que se cumplan fielmente las directivas.

1   Lo importante es que el orden jerárquico sea aceptado (por lo cual hay que "venderlo" bien), pero puede haber un atisbo (pequeño) de flexibilidad en la estructura y en las normas.

2   Lo importante es que los integrantes de la organización se sientan parte de ella, aunque no participen en las decisiones o en la determinación de criterios de funcionamiento.

3   Lo importante es que la organización funcione como un todo integrado, donde impere el diálogo, el planeamiento sea participativo, las decisiones se tomen lo más abajo que sea conveniente y cada nivel disponga de una medida de poder de decisión propio, claramente acotado dentro del marco decisorio del conjunto.

8. El manejo de los conflictos

0   Todos los conflictos se encaran como de suma cero: lo que uno gana otro lo pierde, o peor: en los conflictos no o mal resueltos, todos pueden perder.

1   La mayoría de los conflictos se encaran como de suma cero, pero algunos se plantean como de suma positiva, tipo "ganar-ganar".

2   Todos los conflictos se plantean como de suma positiva, aunque esta postura ingenua resta efectividad.

3   Se admite que muchos conflictos son de suma cero y que muchos otros son del tipo "ganar-ganar", pero en su mayoría se los reconoce como "aporísticos" (donde todos tienen algo de razón y se necesitan mutuamente), por lo que prevalece la negociación sobre la confrontación.

9. El manejo de las oportunidades

0	No se "manejan" las oportunidades: se espera que aparezcan y lo vengan a buscar a uno.
1	Las oportunidades surgen de reaccionar frente a eventos externos: se siguen los caminos que otros abren.
2	Se generan oportunidades dentro de lo conocido: se cambian y se desarrollan procesos, productos o tecnologías existentes.
3	Se generan oportunidades más allá de lo conocido: se exploran no solamente el qué y el cómo, sino, y sobre todo, el por qué, el para qué y el para quién o quiénes.

10. El manejo del aprendizaje

0	No se valora el aprendizaje, se supone que "se sabe"; se castigan (y, por lo tanto, se ocultan) los errores.
1	No hay una sistemática orientación al aprendizaje, pero se intenta aprender de los errores o sobre la marcha.
2	Hay disposición y mecanismos de aprendizaje orientados a los individuos que forman parte de la organización, pero sin tomarla como sujeto del aprendizaje.
3	Hay una consciente, continua y sistemática acción de aprendizaje, basada –entre otros– en el estudio de los errores y de sus causas, encarada a nivel individual y grupal, a fin de que el sujeto del aprendizaje sea tanto la persona como la organización y que esta absorba el "conocimiento organizacional".

11. El manejo de la conectividad

0	La empresa o el emprendimiento están solos en el mundo. Todo lo que los rodea es el enemigo.
1	La entidad, y concretamente sus directivos, piensan y actúan en soledad, pero excepcionalmente buscan la conexión con otras entidades, en función de algún interés particular.

2	La entidad comprendió que las redes y conexiones son vitales hoy en día para hacer frente a los procesos de globalización y de absorción por parte de las grandes corporaciones, pero actúan en esto en forma inorgánica, sin percibir que se trata de un cambio de paradigma.
3	La entidad está vinculada a otras "río arriba" (proveedores de insumos, de tecnología), "río abajo" (clientes, consumidores clave) y de igual nivel (competidores, posibles entrantes) en función de redes de información, de colaboración mutua y de negocios en común, respetando la identidad patrimonial, económica, cultural y legal de cada uno.

12. El manejo de lo contextual

0	Los directivos de la entidad no le prestan atención al contexto.
1	Los directivos de la entidad solamente prestan atención a aquellos aspectos del contexto que tienen implicancias directas sobre sus actividades.
2	Los directivos de la entidad se interesan por el contexto en función de acciones presentes y estimaciones sobre el futuro, pero sin sentir responsabilidad alguna por el efecto que tales acciones pudieran tener sobre aspectos de dicho contexto.
3	Los directivos de la entidad, tanto a nivel individual como colectivo, ven el contexto sabiendo que la entidad es parte de él, que todos somos subsistemas de sistemas más grandes, que nada existe "en el aire", por lo que toda estrategia está sujeta a una mirada abarcadora y crítica para evitar efectos sociales o ecológicos perjudiciales para la sociedad.

CAPÍTULO 2

LA VARIABLE RIESGO Y EL PROCESO DE DECISIÓN

Después de nuestra aventura del rafting, pasamos un par de días en la zona del cerro López. Al iniciar el regreso ya amenazaba mal tiempo, y apenas cruzamos el arroyo comenzó a llover, primero en forma tenue, luego cada vez más fuerte.

Por suerte, íbamos provistos de camperas impermeables y en esa zona, bien por debajo del límite de la vegetación, no había mayor peligro salvo la mojadura y un eventual resbalón, así que seguimos la marcha.

Al rato, en el bosque de ñires, debimos de haber tomado mal un senderito, y en lugar de seguir siempre paralelamente al arroyo López, nos desviamos a la derecha, pues de pronto las marcas eran mucho más descoloridas, como de varios años antes, y también había menos huellas de pisadas, hasta que al poco trecho parecía que sólo un par de caminantes nos habían precedido, y aun eso no era seguro.

–**¿Estamos perdidos, verdad?**

–¡No, qué esperanza! ¿Cómo se te ocurre? Bueno... la verdad... por supuesto que estamos perdidos.

–**¿Y ahora qué hacemos?**

–En estos casos lo que tenemos que hacer es buscar una roca grande y lisa y un árbol de copa ancha.

–**¿Eso para qué sirve?**

–Pues para sentarnos encima de la primera, guarecidos por el segundo y pensar qué hacer.

–Acá no hay rocas ni árboles pero hay pastito para sentarse y un arbusto que protege de la lluvia.

–Bueno, sentémonos y pensemos. Debemos haber perdido la senda hace unos 15 o 20 minutos, porque antes se veían las piedras bien marcadas. En algún momento, con la maldita lluvia, nos confundimos y seguimos estas marcas, que no eran las mismas de antes, y no nos dimos cuenta. Ahora hasta esas ya desaparecieron del todo, así que evidentemente el camino no es por acá.

–¿Entonces?

–Entonces tenemos dos posibilidades: o seguir por este sendero que no es el verdadero y que puede terminar en cualquier lado, o desandar el camino hacia arriba, hasta donde llegaban las marcas verdaderas.

–¿Qué te parece?

–Hay que pensar en las ventajas y desventajas de las dos posibilidades. Si bajamos, no tenemos ningún perjuicio en el momento, pero podemos tener un perjuicio probable en el futuro, si el camino empeora y nos pone frente a dificultades. Entonces retroceder va a ser cada vez más difícil. En cambio si volvemos ahora, tenemos desde ya un perjuicio inmediato y seguro, el de subir un camino bastante empinado, pero la probabilidad de encontrar un perjuicio adicional más adelante es más remota, pues si desandamos el camino deberíamos toparnos con la senda verdadera y sería mucha mala suerte si volviéramos a perdernos.

–¿Cómo se resuelve esa alternativa?

–Es el típico problema de las decisiones. Muchas veces hay que contrapesar las ventajas y desventajas inmediatas, con las ventajas y desventajas que probablemente ocurran más adelante. En este caso, retroceder es un trastorno, pero tiene menos riesgo. En cambio, seguir no significa ningún problema ahora, pero puede llegar a traernos una dificultad mucho más grave.

–Yo voto por volver, es más seguro. ¿Qué te parece?
–Si hiciera buen tiempo, todas las demás condiciones fueran favorables y quisiéramos correr una aventura, seguiríamos por el camino desconocido. Eso significaría que somos "tomadores de riesgo". En cambio, así como está, lloviendo, con la noche que se viene encima, yo diría más bien que evitemos el riesgo. O sea que estoy de acuerdo con tu propuesta, que representa "aversión al riesgo". Eso significa irnos al mazo, o sea, desandar el camino.

Así lo hicimos, o al menos fue lo que quisimos hacer. Retrocedimos hasta llegar a la señalización que habíamos pasado por alto. Aun así no estábamos muy seguros, pues el lugar no tenía el aspecto de picada (sendero) muy transitada como es la del López y que tantas veces habíamos subido y bajado. Ahí cometimos el segundo error: pensar que habíamos reparado el primero sólo porque habíamos desandado algo del camino.

–¿Qué es eso de tener aversión al riesgo o de ser tomador de riesgo?
–El mundo económico, como cualquier otro aspecto de la vida, está lleno de riesgos y de decisiones a tomar. Constantemente el consumidor toma decisiones: comprar algo o no comprarlo, comprarlo a este proveedor o a este otro, comprarlo ahora o después, comprarlo al contado o a crédito. El empresario, por ejemplo el industrial, toma esas mismas decisiones, y además elige qué va a producir, cuánto va a producir, cómo va a producirlo, a cuánto lo va a vender, a través de qué canales y en qué condiciones lo va a vender, en qué va a invertir, cuánto va a invertir, si va a tener mercadería en existencia para cuando se la compren o si va a producir cuando se la pidan, si va a tomar

más personal para aumentar la producción o no, si va a fabricar más de lo mismo que está haciendo ahora o si va a tratar de diversificarse, si va a mejorar la calidad o va a seguir como ahora, si va a intentar conquistar nuevos mercados, si va a tratar de mejorar sus productos mediante la innovación, si lo va a hacer investigando él o comprando ideas a otros... la lista es interminable.

–¿Todas son decisiones como las que nosotros tuvimos que tomar, de seguir o retroceder?
–Digamos que son parecidas. En los ejemplos que te di, cada una de las posibilidades tenía ventajas y desventajas. En algunos se trataba de elegir entre hacer una cosa u otra, en otros entre hacer algo o no hacerlo. En último término esos dos casos son prácticamente iguales: no hacer algo es también tomar una decisión, con sus ventajas y sus desventajas.

–¿Se podría decir que hay un tipo de decisión que se puede llamar característica de la empresa?
–Sí. La clásica decisión de la empresa es hacer un esfuerzo para obtener un resultado. Ese esfuerzo puede consistir en realizar un trabajo, incurrir en un costo, efectuar un gasto, hacer una inversión. Ya hablaremos algún día de estos términos. Por ahora podríamos decir que todos representan, en el sentido más amplio, algún tipo de inversión. No necesariamente en maquinarias o edificios; puede ser en una campaña publicitaria, en mejorar la calidad, en contratar más personal para aumentar la producción.

–¿Cuáles son las ventajas y las desventajas?
–La ventaja es que si las cosas salen bien, vale decir si se cumplen las premisas que tuvimos en cuenta, obtendremos una ganancia en función de lo que hemos invertido. Además "habremos hecho algo" en el sentido de poner en

el mercado un producto o un servicio que sirva, porque si no, no habría quien compre y tampoco habría ganancia.

–¿Y las desventajas?

–Las desventajas están en el costo, que por ser un concepto tan importante lo dejaremos para una charla especial; y en el riesgo, que es una función del factor tiempo.

–¿Cómo juega el tiempo en todo esto?

–La inversión, o sea el sacrificio en poner aparte una porción de nuestros recursos, generalmente tiene lugar ahora y es algo bastante seguro. Nos podemos equivocar al estimar cuánto es lo que tenemos que invertir, pero dentro de lo relativo de todas las cosas es donde menos dudas habrá. En cambio donde hay muchas dudas, es decir mucho riesgo, es en el resultado futuro: sacrificamos recursos seguros de hoy en aras de un resultado probable mañana. Esa es la típica decisión empresaria.

–¿Sobre qué bases se toman estas decisiones?

–Sobre la base de comparar las ventajas con las desventajas, es decir, el beneficio con el costo; el costo que sabemos más o menos seguro que tendremos ahora, con respecto al beneficio futuro y a la probabilidad de tenerlo.

–¿Todas las decisiones son así?

–Bueno, están también las pseudodecisiones, o sea las que parecen una decisión pero realmente no lo son.

–¿Cómo es eso?

–Es lo obvio. Como aquello de "más vale rico y sano que pobre y enfermo". Es el empresario que dice: "decido que tengo que aumentar la ganancia del negocio". Hasta que no elija entre una u otra forma de lograrlo, la suya es, si la cuantifica, a lo sumo una meta, pero en rigor no es una decisión: no está eligiendo un curso de acción en vez de otro. En cambio, las verdaderas decisiones implican revisar las preferencias que uno tiene y cambiar un ítem de lugar en esa lista de preferencias. Si tengo la posibilidad de ir al cine y de ir a tomar un helado, pero el tiempo o el dinero no me alcanzan para las dos cosas, deberé observar mi lista de preferencias y ver cuál de esos dos ítems está más arriba en ella. De acuerdo con eso, optaré. Si puedo hacer las dos cosas, entonces no habrá que eliminar ninguna, pero puedo determinar el orden en que las haré: ir primero al cine o a la heladería, lo que me pone otra vez frente a una lista de preferencias: un doble programa que comience con cine o un doble programa que comience con helado.

–Si las decisiones empresarias siempre contienen algún factor incierto, me parece que debe ser muy difícil tomarlas.

–Sí, es difícil, pero hay que hacerlo. Si la gente no hubiera comenzado a asumir riesgos y acometido proyectos que representaban costos en el momento en pos de beneficios futuros, todavía estaríamos viviendo en la Edad de Piedra.

–¿Qué habría pasado?

–Pensemos en el hombre que inventó la rueda, uno de los elementos que más ha impulsado nuestra civilización desde tiempos inmemoriales. Seguramente no fue una sola persona sino varias generaciones, y quizás surgió en distintas partes al mismo tiempo, pero para el ejemplo es lo mismo. Nuestro remoto antepasado sin duda dedicó muchísimas horas, días, meses o años a diseñar un dispositivo que, por girar alrededor de su propio eje, lo ayudase a mover cosas mucho más pesadas y voluminosas que las que podía mover a mano. Ese tiempo que estaba dedicando a elucubrar una idea que nadie había probado antes, lo distraía de cosas más "concretas y reales": estaba dejando de cazar, de sembrar o de cosechar. Sin embargo incurrió en ese costo, dedicó esas horas que sustraía a las ocupaciones diarias, para desarrollar una idea que podría salir bien o mal. Al final salió bien y revolucionó la existencia humana.

–¿Y si hubiera salido mal?
–Hay innumerables esfuerzos que han salido mal y, salvo la experiencia, lo único que queda es el costo: el tiempo, la energía y los bienes materiales que se han perdido para nada. Pero andar siempre sobre seguro es la negación del progreso, porque la única forma de andar seguro es hacer lo que ya se hizo antes. Y si ya se hizo antes significa que no se está avanzando. Por eso, donde hay vida hay cambio y donde hay cambio hay riesgo.

–Visto así, el empresario parece un poco un jugador.
–Hay empresarios que son tan afectos a correr riesgos, que efectivamente parecen jugadores. Pero en general no es así: la habilidad del empresario consiste en correr riesgos, pero riesgos calculados[1].

–¿Qué significa eso?
–Significa en primer lugar que los riesgos no deben poner en peligro la existencia misma de la empresa: eso sería un riesgo demasiado grande. En segundo lugar, significa que el empresario tratará de distribuir sus riesgos, no jugar todo a una carta. No lanzará todos los productos nuevos al mercado al mismo tiempo, sino que lanzará primero algunos y recién cuando sepa cuáles son los que andan bien lanzará otros y así sucesivamente. Tratará de no proceder a tontas y a locas, sino que tendrá un plan a largo plazo, que irá corrigiendo y adaptando a medida que cambien las

circunstancias, así como planes a más corto plazo con los que irá concretando esos planes a largo plazo; al mismo tiempo controlará constantemente los resultados, para no verse sorprendido al final. Si en el ínterin ve que las cosas salen distintas de lo que planeó, todavía estará a tiempo para tomar medidas correctivas. Todo esto disminuye los riesgos que está corriendo, de modo que ya ves: aunque asuma riesgos, no lo hace a ciegas, sino que en lo posible trata de disminuir su impacto. Ya hablaremos más de esto el día que charlemos sobre planeamiento.

–¿Qué pasa si después se arrepiente?
–No se trata de arrepentirse, sino de cambiar la decisión cuando se ve que las condiciones han cambiado o, dicho de otro modo, cuando las premisas sobre las que basó su decisión ya no son las mismas. Si hoy está fabricando sólo zapatos y decide que poco a poco va a diversificarse, agregando zapatillas, alpargatas, botas, etc., en primer lugar toma una decisión en cuanto a la dirección general que le quiere imprimir a la empresa. Luego, poco a poco va tomando decisiones concretas para ir llevando a cabo ese plan, pero sobre la marcha controla si sigue teniendo sentido hacer lo que está haciendo. Si en un determinado momento ve que las condiciones han cambiado, tiene que ver cuáles son las decisiones que todavía está a tiempo de modificar. Si hay etapas que todavía no tuvieron ningún principio de ejecución, anularlas o cambiarlas no costará tanto, o quizás no costará nada. Pero en el caso de que hayan tenido principio de ejecución, anularlas representaría un paso atrás, como el que dimos nosotros cuando decidimos retomar el camino. A veces hay que afrontar un costo cierto, dando por perdidas (salvo lo que se pueda obtener como valor de descarte) las inversiones que ya se hicieron, para evitarse un dolor de cabeza futuro al haber seguido con una inversión que ya no se justificaba.

–En un caso así, ¿tirarías por la borda todo lo que invertiste porque las condiciones cambiaron?

–Según el caso. A veces se requiere una gran dosis de valentía, pues como dijimos, la pérdida en el momento es segura y el perjuicio que se evita es simplemente algo que estás pensando que puede ocurrir. Pero, francamente, es mejor cortar por lo sano y afrontar las consecuencias. Cortar crea perjuicios, a veces muy graves, para uno y los demás, pero una inversión que se hace para algo que ya no sirve también es un desperdicio, no sólo de los recursos propios, sino de los de toda la comunidad. Esos recursos van a faltar después para algo que sí puede andar. Si las empresas en forma generalizada invierten en cosas que no sirven, la economía en su totalidad se hace cada vez más ineficiente. De ahí la responsabilidad de las empresas de analizar bien las cosas que van a hacer, para invertir en aquello que tenga sentido y que permita producir cosas por las que habrá gente dispuesta a pagar más de lo que ha costado hacerlas. En una palabra, proyectos rentables[2]. Y para que no se despilfarre mucho con marchas y contramarchas, lo más importante es que el empresario sepa calcular y estimar de antemano, de la mejor manera posible dentro de las dudas y riesgos propios de lo que no es seguro, cuáles son los proyectos que tienen oportunidades de funcionar. O al menos –y esto es acaso lo más importante de todo– que descarte aquellos que seguro no van a funcionar.

–Parece lógico que los empresarios procedan así. ¿Por qué le das tanta importancia a este punto, como si con frecuencia no se hiciera de ese modo?

–Porque se cometen muchos errores en esto. El empresario también es humano, se entusiasma con una idea, muchas veces no quiere ver las razones por las que algo puede fracasar, ni escucha al que se las hace notar. En las compañías grandes, cada proyecto tiene un promotor que difícilmente acepte de buen grado las críticas. En esa forma nacen proyectos que jamás deberían haber nacido. Después pagamos el pato todos, porque esas frustraciones encarecen todos los demás programas de esa empresa y los productos que de ellos surgen.

–¿Cuál es la solución?
–Lo primero que a la gente se le ocurrió es que el que "prepara" una decisión, el que la analiza, no sea el mismo que el que diga la última palabra. No es que dudemos de su honestidad, tampoco de su idoneidad. Lo que sucede es que si se pasa meses preparando algo, su amor propio –que en dosis razonable es algo bueno e importante– lo puede enceguecer con respecto a las desventajas. Basta considerar cuánto le cuesta a un hincha de Boca aceptar que una buena jugada de River es realmente buena, o viceversa. El día que sepamos encauzar más productivamente nuestro amor propio, ¡qué país tendremos!

–¿Cómo hacen las empresas en esos casos?
–Hay varias formas. La más corriente es la que te decía: uno analiza la idea y otro la aprueba. En rigor debería haber tres o cuatro actores: el primero da la idea y encarga el trabajo de darle forma; el segundo formula la propuesta, detalla la inversión, o prepara el plan; el tercero evalúa si lo preparado es razonable y si conviene; y el cuarto –que puede ser el mismo que el primero– lo aprueba o lo rechaza. En empresas grandes este proceso es casi una tecnología, a veces todo un ritual: un equipo asesor se enfrenta con el equipo operativo que presenta las propuestas, y somete a estas a la "prueba de los balazos": si alguna idea queda en pie, es porque es buena. Cuando el que te somete a la balacera no es tu jefe sino un asesor o equipo de apoyo, llaman a este sistema el del "abogado del diablo"[3].

–¿**Funciona eso?**

–Funciona, pero es muy costoso: desgasta a la gente; a la segunda o tercera vez que te desaprueban una idea te vas con la música a otra parte, o queda el ánimo de todos por el suelo, lo cual es un mal clima para trabajar. Además se pierde mucho tiempo: rechazada tu idea, hay que empezar desde cero para buscar otra que la reemplace, pues no hay nada preparado como alternativa.

–¿**Entonces?**

–Dado que gente y tiempo son los dos recursos más valiosos que tiene una empresa, se buscaron métodos que eviten ese costo. Uno de ellos es el "método dialéctico" que yo usaba cuando era consultor, con muy buen resultado en varias empresas. Se basa en la práctica de los griegos de la Antigüedad: para cada asunto hay una tesis, una antítesis y una síntesis. Cuando un gerente presenta una propuesta importante, se le pide que al mismo tiempo prepare la antítesis, sobre premisas diametralmente distintas. Eso lo obliga a hacer un ejercicio de "qué pasaría si", pero no como simple alternativa –que muchas veces se presenta sólo para cubrir las formas, con la idea de que será rechazada– sino metiéndose en serio en la posibilidad de que hipótesis diferentes –quizás las que le siguen en probabilidad– darían lugar a nuevas ideas. Lo que hace esto es "aflojar" el nudo casi sentimental que tiene cualquiera con respecto a la idea que elaboró, y muchas veces hace aflorar iniciativas que antes hubieran quedado bloqueadas[4].

–**Perdón, pero me parece que bloqueados quedamos nosotros.**

En efecto, habíamos llegado a una loma en la que esperábamos encontrar la picada, pero nada de eso ocurrió. Lo que teníamos delante era un tímido sendero, nada que ver con la transitada senda del López que conocíamos muy bien; distraídos por la lluvia y la charla, seguíamos perdidos. Ya no era cuestión de "volver por donde habíamos venido", pues no era seguro que pudiéramos hacerlo. Ahora era cosa de seguir el mejor de los débiles senderos disponibles y esperar que nos llevara a la picada. Esto demuestra que uno puede equivocarse en lo más obvio y perderse en el camino más fácil y conocido. Continuamos, confiando en la buena suerte y en que no arreciara la lluvia.

–Tengo otra pregunta: ¿hay un método para decidir? Hasta ahora hablamos de los efectos de la decisión pero no de cómo se produce.

–Es verdad, y por cierto que hay toda una teoría sobre esos métodos. Lo único que no hace falta que decidamos es el hecho de que debemos tomar decisiones, pues eso lo tenemos que hacer de cualquier manera: ya ves que aunque nos pasáramos la vida caminando en las montañas, a cada rato tendríamos que decidir si tomar esta senda o aquella, si seguir o volver, si caminar o descansar. No sólo hay que tomar decisiones sobre lo que se hará, sino sobre ciertos aspectos relacionados con la decisión en sí, que la enmarcan y envuelven como la nube que envuelve la cumbre de la montaña, y que se refieren al "cómo se produce la decisión", que algunos denominan la *metadecisión*.

–¿Qué aspectos son esos?

–Con distintos grados de profundidad, en segundos y quizás sin darte cuenta cuando son decisiones poco importantes, o bien dedicándoles bastante tiempo si son asuntos de envergadura, tendrás que decidir primero sobre qué vas a decidir; segundo, cómo vas a decidir; tercero, en función de qué vas a decidir; cuarto, entre qué alternativas vas a decidir, y quinto, en base a qué información vas a decidir.

–¿Qué significa todo eso?

–Vamos por partes. Primero, decidir sobre qué vas a decidir es el famoso problema de definir cuál es el problema, y el consiguiente riesgo de "resolver el problema equivocado"[5].

–Tonto debe ser a quien le pasa eso.

–Pues creo que es más común de lo que se cree, y me sorprendería que no te haya pasado alguna vez. Desde que todo está relacionado con todo, por lo general "rotulamos" los problemas según el primer aspecto que vemos, o el que más percibimos en función de nuestras propias costumbres, profesión, prejuicios, etcétera. Uno de los "grandes" de la ciencia de la administración[6] contaba lo siguiente: estaba en un comité de la comunidad esperando a una señora viejita que nunca faltaba, cuando se enteraron de que no vendría pues se había caído bajando las escaleras de su casa. Automáticamente los "expertos" analizaron el "problema": para uno, la razón era la débil visión de las personas de esa edad y la poca importancia que se da a la medicina preventiva; para otro, el estado calamitoso de las escaleras en ese tipo de edificios y la falta de inspección municipal; para el tercero, la insuficiencia de los haberes jubilatorios que obliga a una persona de edad a vivir en una casa sin ascensores; para el cuarto, el deterioro de la familia, que hacía que esa simpática anciana viviera sola; y así hasta el infinito. Por cierto, el primero de los que hablaron era médico, el segundo arquitecto, el tercero economista y el cuarto sociólogo. Cuando nuestro amigo dejó la reunión, aún no se habían puesto de acuerdo sobre cuál era "el" problema. (En realidad, era una combinación de varios de ellos: típica "situación problema" compleja).

–Me convenciste. ¿Segundo?

–Segundo, decidir cómo vas a decidir, en el sentido de establecer una estructura para la decisión. Eso por supuesto depende del tipo de decisión, tanto en complejidad como en importancia. Hay decisiones que se pueden programar[7] con bastante facilidad, como los problemas de optimización que te daban en el colegio: "Si a 10 pesos el producto se pueden vender 20 unidades, a 15 pesos se pueden vender 14, y a 20 pesos se pueden vender 8, ¿a cuánto conviene vender?". O decisiones de rutina, en las que el mismo estímulo siempre provoca la misma decisión: si alguien toca el timbre, hay que preguntar quién es; si lo conocemos, abrimos; si no, bajamos a ver qué quiere. O decisiones que se pueden modelar: "Vaya a la frutería. Si está cerrado, vuelva; si está abierto, pregunte si tienen manzanas. Si hay, vea si son buenas; si no son muy buenas, pero están por lo menos un 10% más baratas que la semana pasada, compre un kilo. Si están buenas, compre dos kilos si están al mismo precio que la semana pasada, un kilo si están hasta 5% más caras y nada si están por encima de eso". Es lo que se llama árbol de decisiones.

–Creí que hablabas de un árbol de manzanas.

–Muy graciosa. La cuestión es que para las decisiones estructuradas, de rutina o programables se puede establecer un procedimiento sobre "cómo decidir", tan simple como "hagamos como se hace siempre", o "hagamos como se hizo la última vez", o "hagamos como dice el manual", o tan complejo como para requerir un programa de computadora o un esquema de investigación operativa, que no es más que matemática aplicada.

–¿Cómo funciona?

–Generalmente responde a una receta relativamente simple: construyo un modelo matemático que refleje los factores importantes de la decisión, defino el criterio que voy a emplear para comparar ventajas, pongo dentro del modelo las estimaciones que cuantifican esos factores en el caso concreto en cuestión, y hago el cálculo matemático que dé el máximo valor a la "función criterio" definida.

–¿Y cuando no se puede hacer?
–Entonces hay que emplear la cabeza cada vez: son las decisiones no programadas, no estructuradas, como la fijación del precio de las manzanas en función de la necesidad de defenderse de un competidor, o con vistas a incrementar las ventas. Con el desarrollo de las computadoras los modelos admiten muchas más variables que antes, así que hay cada vez más decisiones semiprogramadas: apoyos informáticos que orientan aunque no den la solución final. Por añadidura, las computadoras ya no manipulan sólo números: también manejan conceptos, lógicas, datos difusos. En los estudios que quizás pronto hagas, sea desde el aula o desde la empresa, posiblemente participarás en modelos de simulación estructurados sobre bases metodológicas denominados *I-think* o *powersim*, que permiten incorporar aspectos absolutamente "blandos", por ejemplo los relacionados con los factores humanos u otras cuestiones igualmente ambiguas. De modo que la distancia entre decisiones programadas y no programadas se hace cada vez más borrosa.

Lo que estaba cada vez más borroso era la senda, que nuevamente amenazaba con perderse confundida en simples pisadas de animales. Ya sin una alternativa válida de "volver a la picada", tuvimos que orientarnos por el declive general del terreno, sabiendo que siempre estaría a nuestra izquierda el arroyo López, de modo que el margen de error estaba acotado: no sabíamos dónde estaba la picada, pero sabíamos que estábamos a la derecha de ella. Con precaución, seguimos avanzando bajo la llovizna, mientras continuamos la charla.

–**Dijiste que había cinco aspectos y recién estamos por el segundo.**

–Cierto, y de paso te aclaro que no te los doy por orden cronológico o de importancia, sino "a medida que van saliendo". Tercero, hay que decidir en función de qué se va a decidir: es la cuestión fundamental de los objetivos, la "función criterio" que mencionamos recién.

–**¿Cuáles pueden ser esas "funciones criterio"?**

–En materia empresaria, la respuesta clásica solía ser muy sencilla: el "hombre económico" maximiza la ganancia. Después se comprobó que este era un criterio muy cortoplacista, que no condecía con la empresa como ente continuo, y se lo reemplazó con la maximización del patrimonio de la organización, o con el valor de la acción en los casos de sociedades anónimas en que esa medida sea relevante. Luego se advirtió que lo del patrimonio era una medida muy parcial e imperfecta: parcial por todos los aspectos no estrictamente económicos que sin embargo son relevantes para el futuro de la empresa, e imperfecta por todos los aspectos controvertibles o de difícil evaluación. Entonces se pasó a la maximización del valor de la empresa[8], concepto más amplio que el de patrimonio. De este modo hasta pueden incorporarse objetivos sociales además de los económicos. Finalmente se desarrolló el concepto de beneficio social neto, que evalúa la empresa en su contexto socioeconómico a efectos de establecer su "función objetivo". Como te darás cuenta, ya no hablamos del "hombre económico" aislado sino del "hombre administrativo" ubicado en un contexto social[9].

–**Todo eso está muy bien, pero en definitiva ¿quién fija el objetivo para una decisión concreta?**

–Buena pregunta, pues introduce el tema del poder[10], flor de asunto que da para escribir todo un libro. El que toma cada decisión es el que tiene autoridad para hacerlo, lo cual realmente no te dice nada, porque por definición la autoridad es el poder de tomar decisiones que guíen las acciones de otros. Lo interesante es que, cada vez más, el que decide porque tiene la autoridad no la puede usar con exclusividad: se apoya en forma creciente en la persuasión, en la sugerencia, en el consenso. Es que el mundo ha cambiado, quien pretenda dirigir una empresa como si fuera un cuartel va derecho al fracaso. Por añadidura, hay cada vez más límites reglamentarios, sociales y culturales que restringen el campo de las decisiones posibles: algún poderoso líder de la industria puede sentirse como un conductor de autobús: sus pasajeros lo abandonarán a menos que los lleve en la dirección en que desean ir y la autoridad lo multará si cambia el recorrido, así que la fantástica libertad que le queda es la de sortear un tránsito endemoniado como mejor pueda[11].

–No le queda mucha.
–No, y aún falta agregar que la poca que le queda contiene por lo menos tantos elementos no racionales como racionales, con lo que termina de derrumbarse toda arrogancia o pretensión de exactitud que podíamos haber tenido con respecto a una "teoría de la decisión". Toda decisión representa un cambio. Es lógico entonces que mucho dependa de la personalidad del que decide, sus fobias y preferencias, su concepción del mundo, su estilo de pensamiento y de percepción. La situación se complica aún más cuando el decididor no decide solo, sino que debe formar alianzas y coaliciones con otros para hacerlo[12].

–¡Qué fácil es decidir sin saber todo eso! ¿Cuarto?
–Cuarto, hay que decidir entre qué cosas se optará, o sea la famosa cuestión de las alternativas. Para lo cual se comienza por determinar qué alternativas existen.

–¿Todas?

–No, por Dios, sería imposible: son infinitas. Es necesario llegar a una transacción –a veces con otros, a veces con uno mismo– para considerar sólo las alternativas "plausibles": las que a primera vista no van derecho al canasto.

–¿Y si uno se equivoca?

–Siempre se corre el riesgo de eliminar por absurda justo la que hubiera servido. Muchas veces ha pasado. En algunos casos se pudo salvar la cosa incorporando la alternativa descartada, cuando más información o análisis hizo ver que fue un error descartarla. Pero casi siempre pasa lo contrario: lo que, por imposibilidad práctica, no incluiste en el primer análisis, no aparece nunca más. Esa inseguridad es el precio que pagamos para seguir adelante: si uno quiere analizar todas las variables, nunca va a decidir nada.

–Entendido, ¿y después?

–Después hace falta determinar las consecuencias de cada una de las alternativas consideradas. Eso tampoco es fácil, porque muchas veces hay que basarse en expectativas sobre el comportamiento de los demás. La mayoría de las decisiones empresarias no son mensurables, como cuando se compite por quién salta más alto o quién corre más rápido, sino estratégicas, como cuando se juega al fútbol o al tenis, en que el contrario –dentro de lo que permiten las normas– tratará de "molestar" lo máximo posible.

–Ya veo que no es fácil. ¿Y al final, qué se hace con todo eso?

–Finalmente se elige aquella alternativa que parece prometer los mejores resultados. Y otra vez tenemos que eso de los "mejores resultados" es mucho más complejo de lo que parece. Además de establecer un criterio sobre qué se considera como objetivo, hay que tener un criterio de cómo comparar.

–¿**No sale eso automáticamente de lo que hablamos hasta aquí?**

–Sólo cuando se sabe todo con certeza. Pero el mundo empresario está lleno de riesgo e incertidumbre[13].

–¿**Es lo mismo?**

–En la práctica, los empresarios –al igual que nosotros en estas charlas– casi siempre usan los dos términos como sinónimos, pero realmente son dos cosas distintas: riesgo es cuando tiro los dados y no sé qué número va a salir, pero al menos sé que el dado tiene 6 lados y en cada uno hay un número distinto, del 1 al 6. En cambio, incertidumbre es cuando no sé ni siquiera qué números tiene el dado: por ahí hay dos 5 y ningún 6, y quizás ni siquiera sepa cuántos lados tiene.

–¡**Qué lío para decidir!**

–Te aseguro que casi todas las situaciones que enfrenta la empresa en cuanto a su futuro son del tipo incertidumbre más que de riesgo: nunca está segura de sus oportunidades, porque no hay situaciones estables que permitan un cálculo de probabilidades en base a estadísticas sobre lo que pasó[14]. Todo cambia, y hasta el cambio cambia, como veremos cuando hablemos de eso.

–¿**Cómo influye eso sobre la elección de la que estábamos hablando?**

–A través de tu posición frente al riesgo (léase incertidumbre). Como para cada alternativa se pueden prever consecuencias más optimistas y más pesimistas, la opción es elegir la mejor de las optimistas, o la mejor de las pesimistas, o la mejor de las más seguras, o la más segura de las mejores, o aquella de la que con menor probabilidad haya que arrepentirse, o la de menor probabilidad de sorpresa desagradable, o cualquier otro criterio. En definitiva, siempre hay que tirarse a la pileta, pero mirando primero si tiene agua.

–Todo esto me da una horrible sensación de inseguridad.

–Así es la vida, sobre todo la empresaria: su esencia es el riesgo, y el que no lo quiera asumir más vale que no se meta a empresario porque va a afrontar el peor riesgo de todos: el de sucumbir por no decidir nada. Pero como dijimos hace un rato, no estamos planteando cualquier riesgo sino un riesgo asumible, calculable, "sobrevivible", o sea, tomado de modo que si las cosas salen mal, no comprometan el objetivo último, que es el de la supervivencia de la empresa. Alguien dijo una vez que la empresa debe calcular el riesgo que puede asumir; más importante, debe calcular el riesgo que NO puede asumir; y más importante aún, el riesgo que NO puede NO asumir.

–Todavía nos queda el quinto aspecto.

–Buena memoria. Quinto: decidir en base a qué vas a decidir, o sea qué información vas a requerir y a qué costo. Esto de algún modo supone que con mejor información tomarás mejores decisiones.

–Por supuesto.

–Es así, pero nada de "por supuesto". Pensemos en quien no sabe qué números tiene el dado: donde hay incertidumbre, una buena decisión puede dar un mal resultado[15]. No sólo por tener información incompleta o errónea, sino por algo mucho más significativo: para decidir, la información que más importa se refiere al futuro, y el futuro no está "determinado". Hay infinidad de factores que influyen, y la mayoría no tiene un derrotero fijo[16] como las órbitas de los planetas que estudiaste en Astronomía. Por el contrario, aunque a ratos tengan cursos más o menos previsibles, suelen llegar a puntos de bifurcación[17], como cuando una picada se abre en dos caminos (que es donde nos perdimos), y los acontecimientos pueden surgir en una dirección o en otra. Dicho de otra manera: no podemos estar seguros de que siempre acertaremos con nuestras decisiones si tenemos buena información; de lo que sí podemos estar seguros es de que sin buena información, sólo acertaremos por casualidad.

–¿Y cómo funciona eso de la información para tomar decisiones?

–Te enfatizo 5 aspectos. Primero, la información en sí es como la foto que vas a sacar de una casa: tiene que estar la casa. Segundo, la información tiene que estar disponible para el que va a decidir: de nada te sirve la casa si delante hay un árbol que no te deja ver. Tercero, te hace falta algo que se llama análisis: un programa de cómo convertir la información disponible en conocimiento que te ayude a decidir correctamente. O sea que para fotografiar la casa no basta la casa: te hace falta la cámara fotográfica. Cuarto, hay que convertir todo esto en comunicación, para que el circuito cierre, para que el mensaje "llegue". Es como decir que juntamente con la casa y la cámara necesitarías luz: a oscuras, por más que tengas todo, la imagen no se proyecta. Cuántas veces un conflicto de "lenguaje", un malentendido sobre códigos, una carencia de "traducción" nos ha dejado igualmente a oscuras: por más que tengas todo, la imagen no se proyecta. Y quinto, un tecnicismo, pero que tiene enorme importancia: además de casa, cámara y luz, hay que tener foco: si no enfocaras bien, o sea, si no concentrases tu atención en la información necesaria, si no adaptaras tu "forma de ver" al problema sobre el cual tendrás que decidir, la imagen te saldría difusa y todo lo anterior resultaría deficiente.

También a nosotros nos estaba saliendo todo mal: evidentemente íbamos a tener que bajar a la ruta de Bahía López no por la picada, ni mucho menos por el camino para coches, sino por una quebrada que se iba encajonando cada vez más hasta terminar en un cañadón sumamente empinado, que no le recomiendo a nadie que no tenga aptitud y ganas. Como nosotros no somos escaladores experimentados, algunos pasos nos resultaban incómodos bajo la llovizna, sobre todo porque el descenso, con ser más descansado, es más difícil que el ascenso, pues los ojos están a la altura de las manos y no de los pies. Por fin terminamos de deslizarnos por lo que parecía el cauce seco de una cascada –todo lo seco que la lluvia permitía, claro– y llegamos al camino, donde aún nos esperaba un buen trecho hasta Colonia Suiza y los últimos tramos de la charla.

–Lo único que no me quedó claro –además de cómo pudimos equivocar tanto el camino en una picada que medio mundo conoce y que nosotros habremos hecho media docena de veces– es saber a qué se aplica esta bonita técnica de toma de decisiones. Hasta hace poco me imaginaba a los directivos de las empresas usando esta tecnología para sesudas decisiones que definirían la futura marcha de la empresa durante años. Ahora ya no estoy tan segura. ¿Qué pasa realmente?

–En realidad, las cosas pueden ser algo distintas de lo que algunos ingenuos imaginan y algunos expertos escriben. Cuando se iniciaron los estudios sobre administración, de lo que se trataba era de definir las funciones básicas de los administradores y se hablaba de planificar, coordinar, controlar, mandar y organizar. Estaba muy bien que este campo virgen y desorganizado se sistematizara, pues lo importante era poner orden en el caos. Pero así como en la escuela primaria te enseñan a hablar con toda formalidad y recién después te vas enterando de cómo habla la gente en realidad, así también quizás entiendas ahora que a tales razonables e importantes funciones de alta trascendencia el empresario les dedica muchas veces menos tiempo que el que debiera.

–Entonces, ¿qué hace, sobre qué decide?
–Es peligroso generalizar pues hay de todo, incluso empresarios con excelente manejo del tiempo y de las prioridades. Pero –sin tener ninguna estadística al respecto– te diré que he conocido muchos empresarios que dedican el 50% de su tiempo –y por consiguiente sus decisiones apuntan en similar proporción en esa línea– a apagar incendios, resolver crisis imprevistas y evitar que se hunda todo; un 30%, a hacer de árbitro entre su gente ante casos de broncas, malentendidos y desquicios varios; un 60% a actuar como vendedor estrella para concretar las operaciones importantes que los de comercialización no lograron; y un 70% a buscar desesperadamente los fondos que se necesitaban ayer y que el tesorero no pudo conseguir. Y sólo te estoy enunciando las funciones que implican decisiones; faltaría agregar el larguísimo tiempo que dedican a firmar lo que otros o él mismo ya decidieron antes; a la fatigosa búsqueda de información acerca de lo que está pasando y presumiblemente pasará, mientras los informes y memorandos que él ordenó marchan al canasto; y parecidas tareas más propias de "Misión Imposible" que de los clásicos de la Administración. Y todavía tenés que agregarle, sobre todo en las empresas grandes, un 80% de cuidarse cada uno las espaldas y defender su territorio.

–No lo puedo creer. Además, aquello ya sumaba casi el triple del 100%. ¿Qué es esto, las nuevas matemáticas?
–Bueno, los números eran exageraciones, pero la imagen puede acercarse bastante a la realidad, nos guste o no. Cuando hablemos de planeamiento ya verás qué pienso del cortoplacismo y qué creo que se puede hacer al respecto[18];

pero aquí, al hablar de decisiones, lo que te quiero decir es que cualquier proceso decisorio debe ser aplicado a las decisiones que realmente se están tomando, no a lo que dice algún libro acerca de lo que se debería estar haciendo.

–Dijiste "proceso decisorio". ¿Es un nuevo concepto?
–Creo que no lo habíamos mencionado, así que de los miles de aspectos que se nos quedaron en el tintero, aclaremos este para cerrar la charla. Alguna vez se concibió la decisión como una "instantánea" en un universo racional. Pero ya vimos que no es enteramente racional, y nos falta decir que tampoco es una "instantánea": unas decisiones están encadenadas a otras, formando una estructura, tal como mueve las piezas un jugador de ajedrez. Esa estructura decisoria es esencialmente continua: los resultados de unas decisiones realimentan las siguientes. Por eso algunos conciben ese proceso como un gran proceso de aprendizaje, un poco como ciertos programas de computadora que "aprenden" a jugar a las damas incorporando a la memoria las experiencias de sus partidas anteriores. Entonces, en lugar del clásico "planeamiento y control", podemos referirnos a "planeamiento y aprendizaje". En esa misma línea de pensamiento podemos concebir la planificación como un conjunto de estrategias vinculadas entre sí con un objetivo común (o sea como un "sistema de estrategias") y a cada estrategia como un conjunto de decisiones vinculadas entre sí con un objetivo común (o sea un "sistema de decisiones"). Esto es lo que quise decir con lo de "proceso decisorio".

–¿Con esto quedó agotado el tema?
–Para nada, los que quedamos agotados somos nosotros.

–¿De qué nos falta hablar?
–Quizás lo más importante: la complejidad. La mayor parte de los ejemplos que comentamos se referían a asun-

tos simples, como elegir carne o pastas en una fonda, o a asuntos más complicados (pero no complejos), como elegir entre 45 platos exquisitos en un restaurante de categoría. En cambio, lo complejo sería decidir entre planes de acción para eliminar el hambre en el mundo (ahora que, cuantitativamente, en teoría debería alcanzar), tema bastante más trascendente que decidir qué voy a comer.

–¿Qué nuevos aspectos aparecen, que lo hacen complejo, más que complicado?[19]
–Fundamentalmente, 4: (a) gran cantidad de variables involucradas (en el caso del hambre, miles de situaciones y aspectos distintos); (b) gran diversidad de criterios y puntos de vista (desde económicos hasta sociales, desde políticos hasta culturales, desde tecnológicos hasta ecológicos, desde religiosos hasta poblacionales, más muchos etcéteras); (c) gran variedad de intereses contrapuestos, visibles o escondidos en dichos criterios (no todo lo que les conviene a unos les conviene a otros); y (d) multitud de interrelaciones y realimentaciones entre todos esos aspectos (el famoso "todo tiene que ver con todo" del enfoque sistémico.

–Tengo una mala noticia: esa complejidad me produce parálisis.
–Te comprendo, y ciertamente no sos la única. Significa que frente a los problemas complejos, tenés que decidir entre tres actitudes: (a) no hacer nada, pues la cosa es demasiado difícil; (b) la "acción micro"[20]: poner un comedor popular o – mejor aún– una panadería popular, o cualquier otro emprendimiento comunitario en un barrio carenciado (no resolvés el problema grande, pero ponés tu granito de arena); (c) la "acción macro": aportar ideas y generar un movimiento para llevarlas a cabo, actuar a través de un partido político o –a lo sumo– aspirar a resolver el problema desde el poder.

–¿**Todos comprenden la complejidad de este tipo de decisiones con variables entrelazadas?**

–Para nada. Por ejemplo, en el llamado "conflicto del campo" que se suscitó en la Argentina en el segundo semestre de 2008[21], ninguna de las partes se dio cuenta que se trataba de un "conflicto aporético"[22].

–¿**Qué significa?**

–Que era imposible determinar quién tenía razón, si el Gobierno o el campo, pues ambos tenían parte de razón y –no sólo eso– ambos se necesitaban mutuamente.

–**Pero para eso se necesitaba que se hablasen.**

–Tenés toda la razón: el diálogo es esencial[23]. Pero solamente el diálogo no es suficiente. Como decía mi colega y amigo Alejandro Marchionna Faré: "la búsqueda de la decisión óptima incluye arbitrar entre dos funciones incompatibles, que lo son por uno de dos motivos o ambos: (a) por ser mutuamente inconsistentes, o (b) por competir por recursos escasos e insuficientes"[24].

–¿**Qué más decía tu amigo Alejandro?**

–Que prefería "cada vez más, para la exploración de grandes decisiones estratégicas, la recreación de situaciones (guiones)[25] en las que hay alguna precisión de razonamiento, pero los números son más bien difusos y no importan tanto. Esto permite una apreciación cualitativa de los riesgos, pero también mayor creatividad en la búsqueda de respuestas a ellos"[26].

–¿**Te parece que vamos aprendiendo a tomar decisiones integradas en todos sus aspectos, que contemplen ese tipo de aspectos complejos?**

–No es fácil, sobre todo (a) por aquello de "todos" los aspectos: en la mayoría de los casos es prácticamente imposible, y (b) por la cantidad de intereses contrapuestos: en la mayoría de los casos imperará el poder y no la razón.

–¿Entonces no hay nada que hacer?
–Por el contrario: creo que hay oportunidades para ese aprendizaje que decís, sólo que son de alto costo.

–¿Qué significa?
–Que estamos aprendiendo, pero no por las buenas, sino por las malas. Me refiero a la "crisis sistémica global" (al principio, mal llamada "financiera") que se desató (digamos: que se hizo evidente tras años de estar larvada) a fines de 2008[27]. Resulta tan evidente que se trata de una crisis sistémica, con causas y efectos en multitud de procesos, áreas y dimensiones, que no puedo imaginarme que de aquí en adelante alguien pueda negar la complejidad y creer que esa crisis se resolverá con medidas simples. De modo que sí: aunque sea a los golpes, estamos aprendiendo.

Dicho lo cual, y habiendo aprendido que es mejor no perderse y que cuando uno se pierde es mejor darse cuenta enseguida y corregir el rumbo, llegamos a Colonia Suiza y nos encaminamos derechito a lo de la abuela Goye. Al rato salió mi hija, cargada de dulces y chocolates. Le pregunté qué había dicho la abuela Goye cuando había visto su aspecto.

–No lo vas a creer. Vio mi ropas empapadas y dijo: "Qué mojadura traen, seguro que perdieron la senda en el pedrero de arriba. ¿No habrán hecho la tontería de seguir por donde no debían? Hay que saber cortar por lo sano: si hay que rehacer el camino, cuanto antes se toma la decisión, mejor". ¿De qué misterioso banco de datos habrá sacado tan certera información sobre nuestras recientes desventuras? ¿No será que muchas veces la intuición vale más que la información?

CAPÍTULO 3

LAS VARIABLES COSTO
E INVERSIÓN

Tras nuestras desventuras en el descenso del cerro López, a la semana emprendimos una nueva caminata. Eran las siete y media de la mañana y estábamos en el tambo de Báez, a la entrada de la picada al lago Jakob. Siempre es grato charlar con Báez, un lugareño de pura cepa, que nos brinda toda la sabiduría de la región. Le compramos uno de sus famosos quesos y un pan casero, manjar inigualado de la zona, que dejamos en el coche para la vuelta. Bien temprano, como conviene iniciar cualquier excursión, comenzamos a subir por la picada muy bien marcada para llegar al refugio Gral. San Martín a orillas del lago Jakob. Durante un trecho nos acompañó "Chanchito", un pájaro increíblemente multicolor que suele parar en lo de Báez para comer miguitas de pan cerca del chiquero. Los intentos de sacarle una foto fueron pintorescos y, por supuesto, fallidos.

Después de un trecho más bien monótono, la senda baja abruptamente al arroyo Casa de Piedra, para luego serpentear a lo largo de sus maravillosos rápidos en medio de un tupido bosque. Durante una hora el caminito sube y baja entre amancays, a la vista de las laderas del cerro Catedral, hasta llegar a un puente colgante que se menea en el más puro estilo de las películas de Tarzán. Ese sitio será, a la vuelta, lugar de cita obligado para multitudinarias mateadas y sabrosos bocaditos de cuanto haya quedado en el fondo de las mochilas. Una vez cruzado el arroyo, la senda sigue por un interminable ñiral que luego se convierte en cañaveral; es esta, hasta llegar al bosque, la parte más aburrida del trayecto.

–Esta picada no es tan bonita como la que va a Laguna Negra.

–Cierto. Lo que pasa es que la estás comparando nada menos que con una de las picadas más hermosas.

–¿Y por qué estamos acá?

–Porque la picada al Jakob tampoco es fea, simplemente la otra es más bella aún. Por otra parte, el refugio del Jakob es más bonito arriba, la vista también vale lo suyo y el paseo a la laguna Témpanos me gusta más que bordear la Laguna Negra. En fin, cada lugar tiene sus atractivos.

–Qué lástima...

–¿Qué es una lástima? ¿No poder estar en las dos picadas al mismo tiempo?

–Sí, aunque sé que suena ridículo.

–No es tan así. Has aludido a una de las claves de la economía empresarial y tiene que ver con un tema que ya hablamos y con uno que podemos encarar hoy.

–¿Cuáles son esos temas?

–En primer lugar, como dijimos cuando bajábamos del cerro López, evidencia la necesidad de decidir. En segundo lugar, demuestra que todo tiene un costo. O dicho de otra manera, y combinando estas dos formas de expresarlo: no podemos tener todo lo que queremos tener, ni hacer todo lo que queremos hacer; siempre debemos sacrificar una cosa para hacer la otra. Para ir al lago Jakob, además de otros sacrificios, como el sudor de nuestra frente y las ampollas de nuestros pies, hemos debido sacrificar hoy la ida a Laguna Negra.

–¿Tiene un nombre ese concepto?

–Sí, es lo que se llama *costo de oportunidad*[1].

–¿Cómo es eso?

–Para entenderlo bien –y pese a que están muy relacionados– podemos decir que hay dos tipos de costo de oportunidad: el de incompatibilidad y el de escasez. Este de que estamos hablando ahora es el costo de oportunidad por incompatibilidad; no se puede estar en dos lugares al mismo tiempo, no se puede estar subiendo a un refugio y estar en Bariloche comiendo helados. Lo uno o lo otro. No se puede tener fama de honesto y estar mintiendo a cada rato. Lo uno o lo otro. Es algo que depende de la naturaleza de las cosas.

–¿Entonces nunca se puede cambiar?

–Sí, algunas cosas pueden cambiar con el avance de la tecnología. Por ejemplo, cuando la única forma de venir a Bariloche era en tren o en coche, no se podía estar un lunes en Buenos Aires y el martes en Bariloche, porque el viaje duraba dos días. Pero desde que se puede venir en avión, esa incompatibilidad desapareció.

–¿Y cuál es el otro tipo de costo de oportunidad?

–Es el que no deriva de incompatibilidad sino de escasez. Nosotros no podemos veranear un mismo año en Bariloche y en Mar del Plata, no porque sea intrínsecamente imposible, sino porque no nos alcanza el dinero. En eso no nos ayudan los avances tecnológicos. Otro ejemplo: antes dijimos que no podemos estar subiendo al Jakob y a Laguna Negra al mismo tiempo porque es incompatible. Pero si estuviéramos hablando no de un instante sino de un período, por ejemplo durante nuestra estadía de vacaciones aquí, entonces no habría nada incompatible entre subir un día al Jakob y otro día a Laguna Negra, que es precisamente lo que estamos haciendo ahora. Pero nos tiene que alcanzar el tiempo. Si estuviéramos en Bariloche solamente pocos días, no podríamos hacer las dos excursiones.

–Parece obvio. ¿Cuál es la cuestión?

–La cuestión es que no se pueden hacer dos cosas si los recursos sólo alcanzan para una de ellas. Los recursos pueden ser dinero, tiempo o algún bien material que se necesite. A veces es talento, capacitación, en el sentido del resultado que te deja algún tipo de aprendizaje, otras veces es organización, es decir, disponer de un grupo de personas que estén relacionadas entre sí por ciertas estructuras de mando, de información y de control[2], a veces es una planta industrial, o sea tantos metros cuadrados cubiertos instalados para producir alguna cosa, otras veces es disponer de una patente que te dé derecho a fabricar algo o a venderlo bajo una forma o nombre determinado, etcétera. Todo esto se llama "recursos". Y los recursos básicos de toda actividad son los humanos, materiales (incluido el dinero) y, fundamentalmente, tiempo.

–¿Esos recursos son costos de oportunidad?

–En realidad no. Esto es interesante: hasta ahora hablamos de los costos de oportunidad porque para entrar en materia me parece que es el concepto más importante. Pero no sólo no es el único concepto de costo, sino que ni siquiera es el más usual.

–¿Cuál otro hay?

–El de los costos que podríamos llamar *de perjuicio.* Así como los costos de oportunidad consisten en prescindir de algo que nos gustaría, los de perjuicio consisten en tener que aguantar algo que no nos gusta. También tienen dos variantes: los de insatisfacción y los de uso. El costo de insatisfacción lo podemos ejemplificar en las ampollas que nos pueden salir si estamos mal calzados, lo cual representa el costo de desagrado de estar subiendo aquí. Si subimos igual, es porque el beneficio, vale decir la alegría que sacamos de hacer esta caminata a lo largo del río, la de llegar al refugio y la satisfacción de estar en esta linda zona, es mayor que el desagrado que nos produce la insatisfacción por el esfuerzo que estamos realizando. Distinto es el segundo caso, el del costo por usar algo: mientras hacemos algunas cosas, destruimos otras. Puede ser que esta caminata represente el fin de la vida útil de nuestros zapatos de montaña, y que después de esta excursión tengamos que tirarlos. Ese desgaste, ese tercio o cuarto de par de zapatos que se habrá gastado, representa el costo de destrucción o uso causado por la caminata.

–¡Por fin encuentro algo que se parece a los costos que vimos cuando estudiaba la carrera de Contabilidad!

–En efecto, lo que se contabiliza como costo en las empresas (concretamente, los costos variables, que preferimos llamar proporcionales) son los recursos que se usan para crear aquello que se quiere vender[3]. Por ejemplo, para hacer una heladera, los costos abarcan las partes y piezas, el esfuerzo humano y técnico de diseño y realización, los materiales de embalaje y la tarea de embalarla y despacharla. Cuando tenemos la heladera, ya no tenemos los materiales, los hemos destruido en función de crear otra cosa. Pero lo importante es no confundir la Contabilidad de Costos, una respetable técnica que empero no tiene cabida en el contexto del presente libro, con las implicancias empresariales, económicas y sociales que nos interesan aquí.

–¿Lo de "sociales" de donde salió?

–De que las acciones sobre los costos tienen distintos grados de relevancia social, lo cual para cualquiera que tenga una mínima sensibilidad para las cuestiones humanas es de gran importancia.

–¿Por ejemplo?

–Si querés ahorrar por el lado del costo financiero, en general eso no tendrá impacto social: simplemente algún banco de primera o algún prestamista de cuarta (o categorías intermedias) cobrarán menos intereses. Si el ahorro fuera en las compras, el impacto social sería mediano e indirecto: se perjudicará mayormente el empresario al que le comprabas, pero si el efecto se generaliza, también pueden verse afectados sus empleados. En cambio, si el ahorro es por el lado de la mano de obra, todo el impacto recae sobre parte de tu personal, sobre todo a los que debés dejar cesantes.

–Pero la empresa tampoco puede tener más empleados que los que necesita para trabajar.
–Tenés toda la razón, y el problema es complejo. Tener exceso de personal hace que la empresa no sea competitiva, a la larga se funde, y quedan sin trabajo, no algunos, sino todos. La cuestión es que hay empresarios que, a la hora de ahorrar, creen que el *único* costo es la mano de obra. Es más: muchos de los grandes inversores, en cuanto las cosas empiezan a ir mal, miden la eficacia de los directivos según "cuántos son capaces de echar". Cuando, en empresas cuyo costo en personal quizás no exceda del 10 o el 5% del total, existen seguramente muchas otras áreas de posible reducción, comenzando por sus propios sueldos y premios.

–Volviendo a los costos de oportunidad, ¿esos no se contabilizan?
–No, porque no hay que confundir *lo que es* con *lo que podría haber sido*. Una cosa es que tengas la información para comparar y tomar mejores decisiones, y otra cosa es que cuando juntes y sistematices toda la información de lo que hiciste, no la confundas con lo que NO hiciste. Cuando le escribas a una amiga sobre estas vacaciones le vas a contar sobre Bariloche; si le contaras, digamos, sobre San Martín de los Andes, alternativa desechada, o sea el costo de oportunidad que tuvimos que sacrificar para venir a Bariloche, la vas a confundir, porque a San Martín de los Andes no fuimos. Los costos de oportunidad son un elemento de información importante cuando se toman decisiones, porque hay que ser

consciente de lo que se deja de hacer para hacer otra cosa, pero a la hora de contabilizar los costos, solamente interesa aquello que hubo que sacrificar. Por eso es que los costos que se contabilizan son los recursos que se usan.

–**¿Cómo juega el factor tiempo con los costos?**
–Vamos a descansar un poco en este bosquecito, y te lo explico. Ahora, ¿podrías ir al arroyo a buscar agua en este jarrito?

–**¿Y si traigo dos jarritos, uno para después?**
–Buena idea.

–**¿Y ahora, cómo era lo del tiempo?**
–Bueno, ya lo resolviste. Con el segundo jarrito.

–**¿Cómo?**
–Claro. Lo más importante en materia de tiempo con respecto a los costos, es saber si los costos en que estás incurriendo ahora te van a beneficiar ahora o más tarde. El esfuerzo de traer el primer jarrito es el costo corriente, que nos da un beneficio ahora mismo: aplacar nuestra sed. Pero agregaste un poquito de esfuerzo adicional para tener agua dentro de una hora, cuando terminemos de descansar. En este caso el tiempo es muy corto, de manera que estoy exagerando para demostrar la diferencia. Pero en términos estrictos, el hecho de que hayas hecho un esfuerzo especial para que dentro de un rato, no ahora, podamos aplacar nuestra sed, significa una inversión.

–**¿Cuál sería una inversión verdadera, no algo exagerado para hacerlo más claro?**
–Si nos quedáramos a vivir aquí, probablemente construirías algún sistema que tome agua río arriba y la meta en una cañería que fuera a dar a una pileta o a un grifo. O sea que construirías un sistema de agua corriente como lo tienen ca-

si todos los refugios. Durante unos días estarías trabajando y además usarías tubos, uniones, cemento, canillas y demás materiales. Sería una inversión bastante importante, porque te serviría para aplacar la sed por bastante tiempo. Pero si simplemente acampáramos aquí y quisieras evitarte el trabajo de buscar agua cada vez que la necesitáramos, probablemente harías una especie de dique con una canaleta. En ese caso, con menos esfuerzo, es posible que puedas traer agua hasta acá, pero esa construcción no va durar más que un par de días. En la práctica sólo la primera es una inversión suficientemente importante como para ser considerada como tal, pero en teoría ambas lo son, aunque de distinta envergadura.

–**¿Cómo se decide en un caso así?**

–Consideremos, para simplificar, sólo dos posibilidades: el jarro de agua extra, o hacer una canaleta. Digamos que ir hasta el río a traer el agua tomó 5 minutos; en cambio, si hiciéramos una canaleta y trajéramos el agua hasta una canilla, no te tomaría más de unos segundos, que despreciamos. Digamos también que la canaleta te tomaría unas 10 horas de trabajo y, también para simplificar, digamos que ese tiempo de trabajo es el único costo, o sea que no necesitamos materiales ni otros insumos. ¿Cuántos viajes justificarían hacer la canaleta? Como en cada viaje ahorraríamos 5 minutos, en 120 viajes hubiéramos ahorrado los 600 minutos que nos va a demandar hacer la canaleta. Así que se puede decir que con 120 viajes "se paga".

–**Entonces, ¿si calculara que habrá más de 120 viajes haría la canaleta?**

–No tan así. Ese cálculo te sirve como guía general, no es la decisión en sí. Te da un punto de comparación: si los viajes previstos son muchos menos, posiblemente no valdrá la pena hacer la canaleta; si son muchos más, la canaleta estará más justificada.

–¿Por qué no se trataría de la decisión en sí?

–Porque estos cálculos matemáticos son muy bonitos pero nunca nos podemos fiar plenamente de ellos, porque la realidad es más compleja que las matemáticas. Por empezar, hay un aspecto que no tratamos: la cuestión de si todas las horas son iguales. Probablemente no, porque las 10 horas para hacer la canaleta son ahora, mientras que las 10 horas para hacer 120 viajes estarán distribuidas en el tiempo y no es lo mismo la hora hoy que la hora dentro de un buen rato, cuando ya hayas descansado. Si en vez de horas fuera dinero, es muy distinto 1.000 pesos hoy que 1.000 pesos dentro de un mes: entretanto podrías ir al banco e invertirlos temporariamente. Entonces, cuando evalúes inversiones, tendrás que calcular el factor tiempo, considerando que tienen mayor valor los recursos cuanto antes se necesiten y menor valor cuanto más tarde se necesiten.

–¿Hay alguna otra cosa para tomar en cuenta?

–Sí: el transcurso del tiempo incrementa los riesgos, de lo que ya hablamos el otro día bajando del cerro López, y además puede intervenir en infinidad de otros aspectos.

–¿Cómo es eso?

–Si hoy hacemos la canaleta para ahorrarnos esos 120 viajes, porque pensamos quedarnos acá 5 días (un viaje por hora día y noche), puede resultar que mañana empiece a llover y que, en vez de 5 días, nos quedemos solamente 2. Resultarán beneficios menores que los esperados. También puede caer un alud de la ladera de la montaña y romper la canaleta. O puede venir más gente capaz de hacer muchos de los viajes para buscar agua, y la canaleta no sería tan indispensable. Asimismo, en tren de hacer cálculos, las mismas inversiones que se hacen para ahorrar costos, también generan costos. Una vez que está hecha la canaleta, tenemos que destinar cierto esfuerzo para limpiarla de piedras, o sea incurrir en trabajos de mantenimiento: no harás viajes para buscar agua pero harás otros viajes, aunque sean menos, para limpiar la canaleta. Todo esto por supuesto sin contar con que te aparezca un impuesto a las canaletas, o sea que alguien, presumiblemente el Estado, te patee el tablero, cambiándote las reglas de juego. Y a todo ello hay que agregar aspectos más sutiles, mucho más difíciles de medir. Por ejemplo, que tengas ganas de hacer la canaleta, porque te encanta la actividad, porque te produce placer dejar una obra hecha por donde hayas pasado, porque te gusta ser previsora. O bien, por el contrario, que de ninguna manera tengas ganas de sacrificar tu descanso de ahora para hacer una canaleta; por más cálculos que lo justifiquen, no te gusta agarrar piedras que se te pueden caer sobre el pie; cuando haga falta, irás al río a buscar más agua, dentro de todo es una actividad divertida, se conocen muchachos, se canta, se hacen bromas y no hay por qué desperdiciar la oportunidad.

–**¿En las empresas pasan cosas así?**
–Sí, aunque no lo creas. Y lo peor es que puede tratarse de aspectos bien importantes, pero que por ser difíciles de medir no se toman en cuenta en el análisis. Comparar costos con beneficios es fácil para el experto, porque simplemente pide los datos o las estimaciones y calcula el resultado neto. Pero para el empresario puede haber otras variables y otras estrategias mucho más difíciles de cuantificar que una simple relación costo-beneficio. Entonces no debemos caer en la tentación de darle más importancia a las relaciones que se pueden cuantificar, sólo porque sean cuantificables. Si no tenemos cuidado, nos puede pasar como al borracho del cuento.

–**¿Qué le pasaba?**
–Buscaba la moneda no donde había caído sino donde estaba el farol. Si reemplazamos "donde estaba el farol"

por "donde están las variables más fáciles de cuantificar", queda claro lo que quiero decir.

–Pero en los casos que sí se pueden cuantificar, debe ser importante medir con exactitud.
–También con eso hay que tener cuidado, para que no nos pase como al vigía de otro cuento.

–¿A ese qué le pasaba?
–El general a cargo del fortín le preguntaba si venía el malón. "Sí, ahí veo la polvareda." "¿Cuántos son?" "Son 2.007, mi general." "¡Cómo 2.007!" "Sí... son 7 adelante y como 2.000 atrás."

–¡Muy bueno! ¿Y qué tiene que ver con nosotros?
–Tiene que ver en el sentido de que en muchas ocasiones la exactitud es ficticia. Parece que tuvieras un resultado exacto, pero no es más que "2007". Tomemos, por ejemplo, una inversión que se justifica siempre que se consiga aumentar las ventas en un 10%, pero que si la mejora sólo fuera del 9% no sería viable. Si tan pequeña variación de una premisa fuera capaz de cambiar la conclusión, hay que ser doblemente prudente.

–¿Entonces qué hay que hacer?
–Hay que buscar y dar preferencia a los proyectos más "robustos", o sea los que menos se "deterioran" cuando empeoran las premisas, aunque a veces no sean los más rentables en condiciones óptimas.

–¿Hay algún principio para tomar en cuenta respecto de la dichosa precisión al calcular costos y beneficios?
–Sí: que ningún cálculo es más exacto que el más inexacto de los elementos que lo integran.

–**Pero alguna vez tenemos que decidir si hacemos la canaleta o no.**

–Muy cierto: tenemos que asumir los riesgos, como dijimos bajando del López. Y lo más grave es que, una vez que hicimos la canaleta, está hecha.

–**¿Qué quiere decir eso?**

–Que para cualquier cosa que haya que decidir más adelante, hay que considerar los costos y los beneficios desde ese momento, es decir desde el momento en que la futura decisión sea efectiva, porque aquellos costos o beneficios que ya tuvieron lugar son irrelevantes para medir si la decisión será buena o mala (salvo su efecto sobre la productividad futura).

–**Eso no lo entiendo, dame un ejemplo.**

–Supongamos que hacemos la canaleta y que volvemos dentro de un año. En ese momento la encontramos medio destruida; para ponerla otra vez en condiciones, necesitaremos tres horas adicionales de trabajo. Lo que hicimos ahora, en ese momento será irrelevante: tendremos que juzgar la nueva situación con sus nuevas variables. Tomaremos sí en consideración lo que quedó del trabajo anterior, y es por eso que solamente necesitaremos tres horas y no diez. Pero el hecho de que ya antes habíamos gastado diez horas será irrelevante para la nueva decisión porque, hagamos lo que hagamos, ese costo ya no tiene remedio. Tampoco tendrá sentido dentro de un año indagar si en su momento (ahora) hicimos viajes que justificaron aquellas diez horas. Lo único que va a interesar dentro de un año son los viajes a hacer de ahí en más, o sea a partir de las tres horas adicionales para poner otra vez en condiciones la canaleta.

–**Parece clarito, pero hay algo dentro de mí que se rebela contra eso...**

–Sí, ya sé lo que es. A nadie le gusta dar por perdido algo, y en las empresas sucede lo mismo: se contabilizan todos los costos que se van acumulando, por más hundidos que estén, y los traemos a colación cada vez que hay que tomar una decisión. Sin embargo, la única actitud racional para tomar decisiones es mirar qué pasa de ahí en adelante.

–Entonces, ¿qué costo te queda de la heladera que mencionaste hace un rato, si el trabajo y los materiales ya los usaste?

–No es tan así: si me dedico a hacer y vender heladeras, quiero seguir haciéndolo, de modo que tengo que reponer los insumos que usé. Ese costo de reposición no está hundido en el pasado, y es bien relevante. Además, una cosa es información para decidir el futuro y otra es controlar el pasado: saber qué ocurrió, qué resultado tuvo un negocio, cuál es la rentabilidad de un producto o la efectividad de un gerente. Para eso hay que sumar todos los costos que tienen que ver con ese negocio, ese producto o ese gerente, por más "hundidos" que estén los costos.

–En definitiva, si no hago la canaleta, tengo que seguir buscando agua...

–Sí, y todavía te esperan más complicaciones. Midamos el costo como esfuerzo tuyo de buscar agua. La primera vez te parecerá una aventura, la segunda vas a gozar el paisaje, la tercera ya estarás un poco aburrida, y la quinta ya estarás francamente harta. Además vas a estar más cansada, de manera que en ese sentido es un caso de costos crecientes.

–¿Pasa eso a menudo en la economía?

–Sí, es típico en la agricultura: el cultivo de las primeras 30 hectáreas tiene un costo, pero probablemente las siguientes 30 hectáreas sean tierras peores y necesitarán más gastos;

cada vez que se agreguen hectáreas menos fértiles, los costos se incrementarán.

–¿Y en la industria?

–En la industria pasa al revés: hasta que alcances tu límite de capacidad, cuanto más hagas mejor resultado tendrás; de otro modo tus gastos, en vez de ser absorbidos por lo que podrías estar haciendo, solamente serán absorbidos por la menor producción que efectivamente se realiza. Es como si te dijera que traigas medio jarrito cada vez, pudiendo traer uno entero: cada sorbo, o sea cada unidad de agua, te saldría más cara. Lo más eficiente y lo más productivo, es traerlo lleno.

–¿Eso es lo que llaman "economía de escala"?

–Muchas veces se la denomina así, pero en realidad no es economía de escala sino economía de *utilización de capacidad*. La economía de escala es otra cosa: es que yo te dé un jarrito más grande, para que aumente tu capacidad productiva.

–¿Por qué aumentan los costos si hago menos?

–Porque hay dos clases de costos que responden al consumo de recursos. Son los costos *variables* y los *fijos*. Los costos variables son los que varían proporcionalmente al volumen, o sea a la cantidad de unidades que estás produciendo. Pero además hay un costo fijo, que para las empresas en general es el costo de capacidad: lo que le cuesta tener la capacidad de hacer determinada actividad, independientemente de que la realice o no.

–Algunos de estos costos fijos parecen más difíciles de cambiar que otros...

–Es cierto. Hay algunos que, además de fijos, son los que hace un rato llamamos "costos hundidos": la decisión sobre esos costos ya se tomó. Es el caso de un contrato de alquiler sin cláusula de rescisión, o una campaña publicitaria que ya contrataste y que va a tener lugar durante todo el año: hagas lo que hagas, esos costos los vas a tener. Hay otros costos fijos, que son la mayoría, que simplemente son fijos mientras el empresario no tome alguna medida en contrario, o sea, no van a disminuir automáticamente si disminuye el volumen, sino que requieren alguna acción, a veces muy dolorosa, por parte del empresario.

–¿**Por qué dolorosa?**
–Porque siempre gusta más agrandar que achicar. Cuando el empresario ve alguna oportunidad y estima que conviene invertir porque tiene confianza en el futuro, entonces no sólo decide una inversión sino que genera ciertos gastos fijos: la maquinaria hay que mantenerla, los edificios también, de vez en cuando hay que pintarlos, cuanto más moderna la maquinaria más personal indirecto necesita: electricistas, técnicos, gente especializada en computadoras, etcétera. Si luego esa actividad decae y no la puede reemplazar por ninguna otra, no le queda más remedio que ir desmontando esa estructura, y es doloroso porque la armó con mucha plata, y a veces con mucho cariño. Cuando venda esas cosas que ha comprado, generalmente no va a recibir ni la fracción de lo que invirtió: la maquinaria que costó muchísimo se vende por hierro viejo. Lo peor es cuando tiene que empezar a prescindir del personal. No sólo porque le cuestan las indemnizaciones, sino porque a cualquiera que tenga un mínimo de sensibilidad social, dejar a alguien sin su puesto de trabajo le cuesta una úlcera, lo he visto muchas veces (no todas, ciertamente). Pero todo esto no es nada comparado con el drama para el empleado, sobre todo cuando coincide con una época recesiva, en que no es fácil encontrar nuevo empleo.

–¿Eso no tiene remedio?

–A veces sí: el empresario puede planificar las cosas de tal modo que una actividad reemplace a otra. Pero a veces no funciona: cuando los cambios en el mercado o en la tecnología vuelven realmente inservible lo que se estaba haciendo, mantener personal ocioso impide competir contra otros que no lo tienen. Nadie va a comprar pagando ese costo adicional, y al final la única diferencia es que todos se quedan sin trabajo, no sólo los que sobraban.

–Lo de los costos variables parece relativamente sencillo: si quiero vender vino tengo que comprarlo, y si quiero hacer vino, tengo que comprar la uva. Pero lo de los costos fijos me parece más complicado.

–Es cierto, y es importantísimo, hoy más que nunca. Lo que no hay que perder de vista es que el análisis y el control de los costos también tienen su costo. Creo que para el país sería absolutamente esencial contar con miles de expertos en costos, que tengan una sólida formación técnica, y que al mismo tiempo no les falte sensibilidad social ni visión de conjunto: asegurarían nuestra competitividad, mucho más que las leyes, ¡siempre que las leyes no pateen en contra!

–¿Qué tiene que ver la sensibilidad social con los costos?

–Esto se refiere fundamentalmente a los costos de mano de obra, pese a que hoy perdieron mucho de su preponderancia, y que ya no se trata sólo de "mano" sino en gran parte de "cabeza" de obra. Sucede que una cosa es un mundo (y un país) que crece, y otra la paralización del crecimiento económico o, incluso, el achicamiento. En el primer caso lo "micro" va de la mano con lo "macro".

–¿Qué quiere decir?

–Que el que reduce costos (en la empresa) mejora la asignación de recursos (en la sociedad): saca a la gente de donde no hacía falta, y esta queda disponible para ir a donde sí hace falta. En cambio en el otro caso, en las frecuentes épocas de recesión o estancamiento, como las que me temo tendremos a partir de la próxima crisis global[4], el que mejora la eficiencia "micro" crea un problema "macro": nadie está esperando ahí afuera al que quedó disponible.

–¿En ese caso, qué tendría que hacer uno?
–Depende desde qué nivel se considere. Si uno es el responsable de que un producto o servicio sea competitivo, no me cabe duda de que tiene que enfocar ante todo lo micro: el costo de los insumos y procesos a su cargo. En cambio si es el N° 1 de la empresa, no deberá mirar tanto lo micro como lo macro, porque en un contexto de alta desocupación, a la larga no se podría vivir y tampoco se podrían hacer negocios. Es allí donde se manifiesta la "visión de futuro" del verdadero líder responsable.

–¿Y si estás en el medio?
–Si soy por ejemplo el director financiero, enfrentaré un dilema, y es ahí donde pesará mi sensibilidad social. Quizá lo que haya que hacer es modificar la definición popular de "eficiencia" en la utilización de recursos humanos: ya no simplemente "no malgastar recursos donde no hacen falta", sino "no malgastar recursos donde no hacen falta, si hacen falta en otro lado".

–¿Por ejemplo?
–Si en un banco sobran cajeros (porque aparecieron los cajeros automáticos) y sobran mozos que traen el café (porque aparecieron las máquinas expendedoras), no es lo mismo, en aras de una modernización que hace a uno de los servicios esenciales, despedir al cajero, un profesional que debería ser necesario en muchos otros lugares, que despedir a don Manolo, que no encontrará trabajo en ningún

otro lado, y cuyo reemplazo por una máquina no incide sobre la atención a los clientes ni reportará un beneficio significativo. Para el primer caso, puede ser crucial la capacitación para el reciclaje. En cuanto al segundo caso, a mi juicio el reemplazo no tiene sentido ni justificación.

–¿Por qué mencionaste también la "visión de futuro"?
–Porque desatender los costos puede hacer que la empresa quiebre y que no haya futuro alguno, pero querer bajarlos más allá de lo razonable también puede comprometer el porvenir al impedir todo crecimiento. Una cosa es evitar las mil formas de despilfarro, y otra es afectar la calidad, la seguridad o el desarrollo. Una cosa es olvidarse de eliminar la "grasita" que nos impide competir, y otra es olvidarse de que para cosechar hay que sembrar.

–¿Cuál te parece el principal criterio para reducir los costos?
–El que te mencioné hace un rato: no creer que porque los costos fijos se llamen fijos, son fijos, sino saber que son aquellos que requieren, para cambiar, la inteligente y enérgica acción del empresario. Y no sólo del empresario, sino de todo el equipo de la empresa.

–¿Hasta del obrero?
–Sí, hasta del operario, porque en último término, si el producto no es competitivo, a la larga va a salir del mercado y el obrero se va a quedar sin trabajo. Y si es competitivo, la empresa va a crecer y el trabajador va a tener mejores oportunidades de progreso.

–¿Siempre es así?
–No, para qué nos vamos a ilusionar, no siempre es así. La cuestión es quién se queda con el beneficio de un menor costo, o sea de una mayor productividad. En ese senti-

do yo respeto más al trabajador que, al mismo tiempo que ayuda a aumentar la productividad, hace un planteo para que le aumenten el sueldo porque quiere participar en ese aumento de productividad, y no a aquel otro que no hace mucho ruido por el sueldo, pero tampoco hace ningún esfuerzo para aumentar la productividad, o incluso trabaja en contra.

–Pero debe de ser muy difícil convencer a un trabajador de que se ocupe de los costos cuando él es uno de los costos.

–Muy cierto: es un poquito como esa disposición que existe en Derecho, de que nadie está obligado a declarar en contra de sí mismo. Pero no todos los costos son de mano de obra. Además, muchas veces las defensas profesionales o laborales funcionan como un bumerán, o sea que al final se vuelven en contra de los presuntos beneficiarios. Basta ver a las empresas que languidecen o desaparecen por no poder competir con el exterior, porque las rigideces de las leyes o de los convenios de trabajo les impiden imitar los métodos de sus competidores. Pronto el personal se quedará sin empleo, o decaerá como la empresa misma.

–¿Por qué la competencia "con el exterior"?

–Porque si la economía estuviera totalmente cerrada, cosa que hoy en día es imposible, esas leyes y convenios crearían ineficiencias pero no imposibilidad de competir, pues todos dentro del país estarían "en la misma". Pero en la actual economía basada en el intercambio con otros países, esas rigideces nos dejan indefensos frente a la importación, y en desventaja al querer exportar.

Siempre caminando por el bosque, habíamos llegado a los temidos "caracoles del Jakob", en realidad no tan cansadores como dicen, pues lo liso del terreno boscoso permite hacer un paso regular y rítmico con el que ganamos altura con bastante facilidad. Una vez alcanzado el final de la subida, nos topamos con la famosa escalera de hierro, así como con el providencial cable de acero sin el cual el cruce del arroyo sería mucho más problemático. Del otro lado hay unas rocas grandes por las que hay que trepar con pies y manos, y luego un senderito que lleva directo al refugio. El lugar es paradisíaco, con escarpadas cumbres y laderas cuya nieve se refleja en las aguas del lago. Andy, Chulengo y Claudio, tradicionales refugieros del Jakob, nos convidan con lo que quedó del corderito de la noche anterior, que estaba sabrosísimo. Tan rico había estado que quedaba muy poco. Era una lástima, pero nos dio pie para seguir la charla, sentados delante del refugio, justamente sobre el tema de la escasez[5].

–Me quedó una duda desde el principio de toda la charla. En el caso de los costos de oportunidad por escasez, ¿se puede modificar la situación?

–Sí, incluso más que en el caso de los costos de oportunidad por incompatibilidad. Con el avance de la tecnología, cosas que eran incompatibles dejan de serlo. En el caso de los costos de oportunidad por escasez, el asunto es más sencillo aún: con tener más de lo que es escaso, desaparecería la escasez. Si tuviéramos más dinero, podríamos costearnos el pasaje en avión y estar un lunes en Buenos Aires y el martes subiendo al Jakob. Si tuviéramos más tiempo de vacaciones, podríamos subir a los dos refugios, en lugar de tener que elegir. Reconocer la escasez de ciertas cosas no significa caer en una especie de fatalismo, de que las cosas tienen que ser necesariamente así. Pero sí significa reconocer dónde está la escasez y qué haría falta para superarla. Vale decir, hay que dar un paso más y encontrar que la restricción que impide que un día estemos en Buenos Aires y al día siguiente en Bariloche está en nuestros ingresos; que la restricción de no ir a dos refugios distintos en el mismo viaje está en la duración de nuestro período de vacaciones. Cuando la restricción es de relativamente poca monta en relación con lo que impide, se la denomina "cuello de botella", y es cuando más vale la pena hacer esfuerzos para superarla. Lo importante es saber hacia dónde apuntar.

–Eso de las restricciones me recuerda un poco a lo del Club de Roma.

–En efecto. El ya citado Goldratt (Nota 3) traslada esa noción limitante (es mi interpretación) del plano global al de la empresa: basa su "teoría de las restricciones" en el hecho de que en toda actividad hay un límite más allá del cual "no se puede expandir más", causado por un cuello de botella. Eliminado este (por organizar mejor las cosas, por aumentar la capacidad, o por hacer más productivo ese cuello de botella), aparecerá otro, a un nivel de producción superior.

–En definitiva, ¿de qué depende la posibilidad de levantar la restricción?

–Distingamos si estamos hablando de una persona o de todo un país. Para la persona, depende de la capacidad que tenga de ganar plata, de lo que haya estudiado, de los amigos que puedan dar buena referencia sobre él, del buen nombre suyo y de su familia. Y, por qué no decirlo, de una dosis de suerte, a veces inducida o aprovechada por su inteligencia, imaginación, o decisión. Para un país, la capacidad de generar recursos, en último término depende de cuántos minerales hay en su suelo, de cuántas hectáreas arables existen, con cuánta lluvia y días de sol se puede contar, cuánta infraestructura hay para obtener, transformar y transportar los recursos generados, cuánta gente sea capaz, eficiente, decidida y motivada como para transformar todo eso en bienes usables, y hasta qué punto toda esa gente está interconectada[6].

99

–¿Eso significa que estamos muy limitados por lo que tenemos?

–No, por causa de los dos últimos ítems: porque influye nuestra habilidad de transformar cosas en más cosas o en cosas más útiles.

–¿Cómo es eso?

–Si logro cosechar más trigo de una hectárea sembrada, es como si tuviera más hectáreas. Si logro hacer más harina de una tonelada de trigo, es como si tuvieras más trigo. Si logro hacer más pan de un kilo de harina, es como si tuviera más harina, y así sucesivamente.

–¿No tiene límites?

–Tiene límites concretos en cada momento preciso, pero dado el tiempo y las ganas de hacerlo, se puede incrementar muchísimo. Es lo que se llama *aumento de productividad*[7].

–Quiere decir que mejorar la productividad es obtener más productos con los mismos recursos.

–Sí. O lo que es igual, obtener los mismos productos con menos recursos. Si convertimos una tonelada de hierro en más acero que antes, entonces aumentamos la productividad. Pero si convertimos hierro en la misma cantidad de acero, pero usando menos mano de obra, o menos electricidad o menos hierro, también aumentamos la productividad.

–¿Y así se podría eliminar la escasez algún día?

–Un destacado economista argentino[8] dice que ya hoy, con los medios tecnológicos a nuestro alcance, la escasez podría estar eliminada, si no fuera por la ineficiencia en la gestión (de lo que tratan estas charlas) y la inequidad en la distribución (problema que aquí nos excede).

–Pero a mí me parece muy importante.

–Tenés razón, y no resisto la tentación de citar en extenso a quien mejor ha explicado la drástica diferencia entre lo que "podría ser" y lo que "es". Se trata nada menos que el comienzo del prólogo del ingeniero Marcelo Diamand a uno de mis primeros libros: *Introducción a la Administración de Empresas. Guía para exploradores de la complejidad organizacional* (2000, Granica, Buenos Aires), en parte antecesor de este:

> *A partir de la revolución industrial que comenzó hace dos siglos, el explosivo desarrollo tecnológico y la progresiva acumulación del capital físico llevaron a un espectacular aumento de la productividad del trabajo humano, posibilitando de este modo terminar definitivamente con las privaciones y la miseria que acompañaron a la humanidad en su proceso de evolución histórica.*
>
> *Sin embargo, esta capacidad se aprovechó sólo parcialmente. Por lo pronto, la mayor parte de la población mundial, la que corresponde a los países en desarrollo, sufre grandes privaciones, incluida el hambre, difícil de justificar en vista de la sobreproducción actual de alimentos. Pero hasta los afortunados habitantes del mundo industrial pasan por serios problemas económicos, con bolsones de franca pobreza, marginación social, desocupación, y la incapacidad de gozar de un nivel de vida acorde con las posibilidades que trae la época.*
>
> *Esto sucede debido a que el aumento de la capacidad productiva se operó a costa de una gran complejidad del sistema. Este, para funcionar adecuadamente, requiere una sincronización y una complementación precisa entre distintas actividades: la posibilidad de planificar por adelantado; la correspondencia entre la oferta y la demanda no sólo presente sino también futura; la aptitud de sostener una acción dirigida a evitar los cuellos de botella que pudieran trabar la producción; etcétera. Todo esto, a su vez, impone una interacción y coordinación apropiadas entre la acción del Estado y el mercado.*
>
> *Cuando estas condiciones no se cumplen, aparecen restricciones al funcionamiento del aparato productivo que impiden aprovecharlo a pleno, causando pobreza en medio de una abundancia potencial.*
>
> *Estas restricciones casi siempre son superables. El obstáculo principal es de índole política y cultural. En el mundo de escasez vigente durante miles de años, las mejoras que podían obtener determinados grupos, sectores o naciones se recibían siempre a costa de los demás: de la esclavización, de la*

explotación feudal, de la conquista, de la rapiña. De allí la herencia cultural consistente en interpretar la realidad en términos de un juego suma cero, o sea aquel en el que cuando uno gana algo, se debe a que algún otro perdió un valor equivalente. La lucha en contra de las restricciones, en cambio, pertenece al mundo del juego suma positiva en el cual, superando un obstáculo, se puede beneficiar a todos simultáneamente. Pero en la cultura del juego suma cero la percepción de la capacidad de la sociedad de movilizar los esfuerzos para beneficiar se pierde de vista. La acción de suma positiva se vuelve imposible por falta de coordinación de esfuerzos.

–Nunca había oído expresar con tanta claridad lo culpable que debiéramos sentirnos por no evitar el hambre en el mundo, pudiendo tecnológicamente hacerlo.

–Coincido con vos. Es por eso que recalco la importancia de desarrollar una "cultura de suma positiva" que aminore (siempre algo va a quedar) la "cultura de suma cero". Pero tampoco es cuestión de "tirar la casa por la ventana". Por eso, frente a la noción de "suma positiva" aparece también la de "costo-beneficio".

–¿Qué significa?

–Que cuando se intenta lograr un beneficio, es necesario evaluarlo en relación con su costo. Y esto va mucho más allá de una simple comparación contable: hay que ver el beneficio para quién y el costo para quién.

–¿Qué implica eso?

–El "para qué" y el "para quién" constituyen uno de los grandes temas del enfoque sistémico aplicado a las organizaciones. Para ver "qué hay debajo de la alfombra", o sea qué significa determinada acción o propuesta para los diversos involucrados, es muy útil el método llamado CATWOE por sus siglas en inglés, debido al notable sistemista Peter Checkland[9].

–¿En qué consiste?

–En descubrir, para cualquier sistema, qué o quiénes son en última instancia:

LOS CLIENTES: ¿a quiénes impacta/beneficia/perjudica el sistema?, ¿qué problemas tienen?, ¿cómo reaccionarán?;

LOS ACTORES: ¿quiénes realizarán la acción?, ¿qué los motivará/impactará?, ¿cómo reaccionarán?;

LA TRANSFORMACIÓN: ¿cuáles serán y de dónde vendrán los insumos y los productos (inputs y outputs)?, ¿cuál será el proceso que transformará unos a otros?, ¿cuáles serán los pasos intermedios?;

LA VISIÓN AMPLIA: ¿cuál es el macro sistema del cual el sistema es parte?, ¿cuál es el verdadero problema?, ¿cuáles son las consecuencias de las consecuencias?, ¿en función de qué cosmovisión se estimarán tales consecuencias remotas?;

LOS DUEÑOS: ¿quiénes son los dueños del sistema, los que tienen poder para influir sobre él?, ¿ayudarán o serán el enemigo?, ¿qué haría que fueran lo uno o lo otro?;

LAS LIMITACIONES: ¿cuáles serán los aspectos éticos, legales, regulatorios y las restricciones y de recursos que pueden limitar su acción o sus ideas?, ¿cómo se podrán superar las restricciones?

–¿Por qué es tan importante el concepto costo-beneficio?

–Te doy un ejemplo: cuando un país elige a sus gobernantes hay una campaña electoral, en la cual los distintos candidatos y partidos exponen sus planes de gobierno y explican por qué es mejor que los elijan a ellos y no a los otros. Casi todos van a hablar de los beneficios que le van a dar al país, pero muy pocos de los costos en que hay que incurrir para obtener esos beneficios.

–¿Significa que, por el costo, muchas cosas no se pueden hacer? ¿Que volvemos a la escasez?

–Por un lado, hay cosas que conviene no hacer, porque impedirían lograr otras mucho más importantes. Por otro lado, frecuentemente se trata de los tiempos: hay muchísimas cosas que son muy buenas, pero no se pueden hacer todas de golpe.

–¿Es por eso que es necesario planificar?

–Efectivamente. Si un gobierno quiere hacer al mismo tiempo todas las escuelas, todos los hospitales, todas las viviendas, todos los caminos y todos los diques que hacen falta, no le va a alcanzar el cemento y, probablemente, ni siquiera la gente. Si quiere empezar por hacer suficientes fábricas de cemento, tendrá entonces que calcular si le alcanzarán la energía, la piedra caliza y demás insumos. Si piensa importarlos, deberá verificar si dispone de las divisas necesarias para pagarlos. Y si convence a todos los fabricantes de cemento de que instalen plantas por doquier para atender la gran demanda generada, deberá prever si después de terminar de hacer todas las escuelas, hospitales, viviendas y caminos proyectados, seguirá existiendo una demanda razonable del producto. Entonces puede ser que llegue a la conclusión de que no puede hacer más que tantas escuelas, tantos hospitales y tantas viviendas por año, y el resto tendrá que esperar al año siguiente o al otro. En una palabra, deberá planificar en función de los recursos que posee. Y cuando elija qué hará ahora, qué dejará para después y qué mandará directamente al archivo, constantemente va a estar tomando decisiones de costo-beneficio: cuáles beneficios reportan los distintos proyectos (a quién), qué costo tendrán (para quién) y cómo se compara esa relación con la de otras alternativas. Pero dejemos ahora lo del costo-beneficio, y volvamos al refugio.

El ambiente de compañerismo y alegría de la mayoría de los refugios es una experiencia tanto o más hermosa que las bellezas del lugar. Largas charlas, picarescas partidas de truco, la infaltable guitarreada, a veces el regalo musical de algún flautista u oboísta amigo de la montaña, el canto no muy afinado de los amateurs y ocasionalmente el canto afinadísimo de algún coro que pasa la noche allí, amenizan las interminables sobremesas en medio de la montaña silenciosa. Cada recién llegado recorda-

rá otras noches de refugio que quizás compartió con nosotros, nos dirá si vino por la picada o desde otro refugio, hacia dónde irá al día siguiente, nos traerá saludos de amigos de amigos, si es escalador intercambiará experiencias con sus colegas en un dialecto compuesto por tecnicismos incomprensibles. Y si salimos para tomar aire, nos sentiremos sobrecogidos por la noche en la montaña: ora el paisaje misterioso de las rocas y laderas heladas alumbradas por la luna llena, ora el indescriptible espectáculo del cielo estrellado enmarcado por los cerros silenciosos. Aquella noche en el Jakob no había luna, y la Vía Láctea parecía una verdadera avenida empedrada de brillantes que se extendía desde el paso Schweizer hasta el valle del río Casa de Piedra. Rodeando el refugio, en los sitios más reparados del viento, había multitud de carpas de acampantes que preferían tener su propio dormitorio particular y gastar algo menos. Varios eran buenos amigos y a algunos los visitamos en sus madrigueras. Entre visita y visita tocamos algunos temas –los menos "materialistas", dada la hermosura de la noche– que nos habían quedado.

–¿Las inversiones son siempre en bienes materiales?
–No siempre, ni las de las personas ni las de las empresas. Si le damos a la palabra el alcance más amplio, podemos decir que desarrollar habilidades, adquirir conocimientos, aprender un oficio, perfeccionarse en alguna disciplina o adquirir renombre de persona honesta, son inversiones[10]; tienen, al igual que muchas inversiones en el mundo de los negocios, la característica de que se generan poco a poco, benefician por un buen tiempo y se pueden perder de golpe, a veces en un instante.

–Eso suena como si consideraras la educación, la honestidad y valores similares como bienes utilitarios.
–No, de ningún modo. Pero es justa tu observación: esas cosas que son valores tan importantes de la persona, no se tienen que cultivar sólo con un fin ulterior, aunque

no dejan de ser importantes para la carrera y el desarrollo de cada uno. Son fines en sí mismos. Aun así, yo puedo considerar la educación, la honestidad, hasta la amistad, como una inversión: es lindo tener amigos, pero hay que cultivar esa amistad como quien cultiva un huerto. Ya hablamos de que puedo dedicar una hora de mi tiempo a construir una canaleta simplemente para conseguir agua, o porque me gusta hacerlo, o porque es lindo trabajar en medio de la naturaleza, o porque creo que alguien que venga detrás de mí se pondrá contento al encontrar que alguien hizo una construcción para calmar la sed con más facilidad, o por una combinación de todas esas cosas. Cuando viste, por ejemplo, la obra que hicieron en el refugio Meiling para tomar agua de deshielo por una cañería, bien contentos nos pusimos de no tener que ir a buscar agua a la nieve.

–**¿Y en la empresa?**
–En las empresas existe algo que se parece a lo que mencionabas, y que es tremendamente importante; tanto que, pese a que rara vez figure en los libros de contabilidad, su existencia es clave para saber si en un país se pueden hacer negocios o incluso vivir civilizadamente.

–**Despertaste mi curiosidad. ¿Qué es?**
–Es la disposición o costumbre de cumplir con lo que se promete. En las inversiones y en cualquier otra transacción, no siempre la prestación de una parte es simultánea con la de la otra. A veces uno paga hoy, bajo la promesa de que recibirá algo mañana. Compra algo porque nos dicen que funciona de cierta manera. El derecho comercial no es sino una reglamentación para que la gente cumpla sus promesas. Pero no se puede reglamentar todo: quedan infinidad de promesas cuyo cumplimiento no es posible o práctico asegurar mediante acción judicial, de modo que quedan libradas a que para el que hizo la promesa sea importante "invertir" en su cumplimiento[11].

–Le puede costar mucha plata.

–¡Por supuesto que le puede costar plata! Pero deberíamos tender a una sociedad en que el incumplimiento de una promesa le cueste mucho más: en dinero, en buen nombre, en clientela, en satisfacción de servicio, en la continuidad de negocio, en conciencia frente a los hijos. Quizás esto último sea lo más importante: la imagen del empresario a los ojos de sus hijos como "control ético", o sea que con o sin "promesa" sea un dirigente responsable.

–¡Qué feo cuando no lo es! ¿Pero afectaría los costos?

–Buen punto, y te lo estuve por mencionar cuando hablamos de que sólo se contabilizan los costos de consumo de recursos, para decirte que ni siquiera esos se contabilizan todos.

–¿Por qué?

–Porque la empresa solamente contabiliza los recursos que ella misma tiene que conseguir[12], pero puede ser que esté utilizando recursos de otros, de la comunidad, y esos no los va a registrar, porque a ella no le costaron nada.

–¿Por ejemplo?

–Por ejemplo, si una fábrica de conservas, además de consumir los recursos que van al producto final, contamina el aire, o si un taller mecánico, además de la chapa y pintura que consume, hace un ruido espantoso, esa contaminación y ese ruido, que también es contaminación, representan un costo que hay que tomar en cuenta cuando se observa el fenómeno desde afuera. También el empresario mismo, si tiene un mínimo de sensibilidad social y de sentido de responsabilidad, lo debe tomar en cuenta. Asimismo el Estado, sin abrumar al empresario con reglamentaciones inútiles, tiene que ver cuáles son los costos para la comunidad que no convienen por ser el beneficio menor que el costo, cuando al costo de la empresa se le suman los costos de la comunidad, o que no convienen en absoluto, cualquiera sea el beneficio.

–¿Hay muchos casos así?
–Creo que bastantes. Hasta ahora en la Argentina no se han ocupado mucho de esto, pero en otros países la legislación para evitar costos que atentan contra la comunidad está mucho más adelantada. Es un problema complejo, porque se mezclan muchos aspectos y sobre todo muchos intereses. Por un lado, las empresas están verdaderamente cansadas de las reglamentaciones exageradas que impone el Estado. Entonces cada vez que sale una reglamentación más, ya parece que es la gota que colma la medida. Pero no es que haya demasiadas reglamentaciones, sino que las que hay son malas o inconvenientes, y en cambio faltan muchas que deberían existir.

–¿Por ejemplo?
–¿Te parece que Bariloche creció como debía?

–No, hay edificios espantosos, no se respetó un estilo, permitieron construcciones totalmente contrarias a la arquitectura típica de la zona.
–Ahí está: una cosa es estar a favor de la libertad, y otra que en una zona donde todo tendría que haber sido de estilo andino o alpino, como en la mayoría de la poblaciones de montaña en todo el mundo, a cualquiera se le permitió poner un monoblock o un rascacielos de puro cemento, que distorsiona totalmente la fisonomía del lugar. Con eso se perjudicó a todos los demás propietarios de locales y a cualquier visitante con sentido de la belleza urbanística.

–¿Entonces allí hay un costo oculto?
–Efectivamente. Cuando se terminó el primer adefesio, una cosa eran los costos de la empresa que lo constru-

yó y otra cosa fue el costo para toda la comunidad de tener semejante estropicio en el medio de la ciudad.

–¿Cómo pueden pasar cosas así?
–Puede ser por casualidad, o por designio. Por casualidad –léase: tener un mal sistema de selección de quienes gobernarán la ciudad, y que haya salido la bolilla equivocada– significaría que a esta hermosa ciudad le hayan tocado en algún momento intendentes distintos que, digamos, los de Pinamar, o de acá cerca, San Martín de los Andes, casos ejemplares que supieron mantener un estilo. Por designio significaría una confusión ideológica: creer que la libertad necesariamente pasa por un Estado que no reglamente nada, en lugar de concebir un Estado eficaz, que hace lo que tiene que hacer y lo hace bien, en forma honesta, gastando la menor cantidad posible de recursos y poniendo los puntos sobre las íes en todos los casos donde la libertad de uno afectaría la libertad de algún otro o de todos.

–Sería el costo de haber elegido mal.
–Cierto. Y antes de eso, el costo de no haberse ocupado suficientemente de la educación de la gente, el costo de aceptar ideas simplistas y el costo de no pensar en el mañana.

Tras la visita a nuestros amigos volvimos al refugio, en el cual aún quedaban alegres trasnochadores y donde nos recibió con toda cortesía Eveready, el gatito negro que se paseaba por las mesas pisando los naipes de truco y chamuscándose las orejas con las velas.

A la mañana siguiente hicimos la corta caminata a la Laguna de los Témpanos. Para mí es uno de los sitios más bellos de la zona. Tras sortear unas rocas lisas y trepar por unos bloques de piedra bordeados por lengüetas de escarcha, llegamos a la pequeña laguna,

en la que vierten sus bloques varios planchones de hielo que se es-
tiran desde las altas cumbres. Pese a que estábamos en verano, va-
rios témpanos de los que dan nombre a la laguna flotaban en el
agua verde esmeralda, desprendidos de los ríos helados que caen a
la laguna. Todo ello en medio de un semicírculo de crestas de roca
nevada que nos rodean en silencio.

Contentos con el paseo, volvimos al refugio. Eveready seguía
haciendo de las suyas. Algunos truqueros de la víspera ya habían
tomado posiciones. Los eficaces encargados, con sus amigos y cola-
boradores honorarios, trabajaban para tener el lugar limpito y sim-
pático como siempre. Nosotros aportamos nuestra cuota de colabo-
ración, pues en montaña el que no ayuda no tiene amigos. Ojalá
hubiera en la ciudad el mismo espíritu de solidaridad: lo que apren-
demos acá arriba es que, contra lo que pudiera creerse, en las tran-
sacciones generosas el costo es pequeño y el beneficio es grande.

CAPÍTULO 4

LA VARIABLE DE LA GANANCIA
Y EL PROCESO DE ASIGNACIÓN DE RECURSOS

Tan bien nos había ido en el refugio del lago Jakob que a los pocos días nos encaminamos hacia uno de los lugares más hermosos de la zona. Hacía mucho frío mientras subíamos los tres tramos del cablecarril de la empresa Robles para ir por el filo del cerro Catedral al refugio Frey. Hacia atrás veíamos Villa Catedral cada vez más chiquita; por las laderas, nevadas en invierno pero ahora florecidas de amancays, se entrecruzan los múltiples medios de elevación a que dio lugar el boom del esquí.

–¿**Te parece que la señora de Robles gana bien con el cablecarril?**

–Espero que sí. No me gustaría que me estafe con el precio, pero tampoco me gustaría que ella haga mal negocio.

–¿**Cómo, acaso lo que gana ella no lo perdemos nosotros?**

–No, salvo que plantees la situación en términos muy simples, como si fuera un juego de cartas, donde si uno tiene el as de espadas, no lo tiene el contrincante: esos juegos "de suma cero" que mencionáramos en la caminata anterior.

–¿**No es siempre así?**

–No necesariamente. Hay casos en los que un jugador gana porque se fusiona con el otro, o porque aumenta su sembradío o porque mejora su fábrica, sin que nadie pierda por eso. Mejor aún: sólo "saldremos de esto" si ponemos los avances tecnológicos al servicio de "juegos de suma positiva".

–¿Ese es el caso más común en la economía?
–En la economía pasa de todo. Es como si estuviéramos jugando a las cartas y efectivamente algunos puntos que ganan unos, los pierden otros. Al mismo tiempo, algunos (la mayoría) están fabricando nuevas barajas, de modo que pueda haber tres, cuatro o cinco ases del mismo palo. Y también hay algunos que destruyen naipes, con lo que el aumento de riqueza se frena un poco y hasta puede llegar a detenerse o ser negativo. Pero mientras haya un mínimo de crecimiento de la economía, no es un juego de suma cero.

Desde donde nos dejó el cablecarril de Robles, en la terminal del último tramo, tenemos que subir un corto trecho bien marcado, hasta el col (especie de silla al pie de la cima), pequeño filo que une Punta Nevada con Punta Princesa, las dos cumbres que se ven desde Villa Catedral. Llegar al col nos depara una de esas sensaciones inolvidables que a veces brinda la montaña: con las ahora polvorientas pistas de esquí a nuestras espaldas, de pronto nos topamos con el otro valle. El paisaje que descubrimos –con verdadero ánimo de aventura, como si fuéramos los primeros en pisar este lugar– es de una belleza indescriptible: por encima del cordón Tres Reyes, más allá de los cerros que bordean el fondo del brazo Tristeza, asoma la esbelta silueta del cerro Tronador; al sur, el Bonete y el Cresta de Gallo; al norte, el macizo del cerro López; más abajo, el valle del arroyo Casa de Piedra, por donde va la picada al Jakob que caminamos hace pocos días; y al pie, casi debajo de nuestros zapatos, el verde valle del arroyo Rucaco. Ese es el valle que, a mil metros de desnivel, bordearemos para llegar al refugio.

–¿Por qué te parece bien que Robles gane plata?

–Hay varios motivos. Empecemos por uno, aunque no sea el único. Supongo que los Robles invirtieron en el cablecarril para ganar dinero. Si les da el resultado que esperaban, pienso que tendrán cariño a su obra, la mantendrán bien, cuidarán a su gente y a su maquinaria. Entonces habrá menos peligro de que nos quedemos suspendidos en el aire por un desperfecto.

–Pero si gastan mucho en mantenimiento, disminuye la ganancia y queda menos para ellos. Son dos funciones contrarias.

–Cierto, pero es allí justamente donde se ve que no es un juego de "suma cero". Se entiende que la ganancia de un negocio es lo que resta después de haber hecho los gastos correspondientes de mantenimiento. En otras palabras, el ingreso debe alcanzar para las dos cosas: para los gastos y para la ganancia. En ese caso el empresario "de verdad", que sabe que lo más importante de su negocio es el cliente, no el negociante que "agarra la plata y se va", pondrá sólo los mejores materiales y revisará que todo esté perfecto. Va a ser un obsesivo de la calidad y del mantenimiento, o al menos debería serlo. De este modo, los clientes se sentirán atraídos por un cablecarril que no falla y al final, por gastar más (siempre que sea inteligentemente, sin despilfarro), el empresario ganará más.

–¿Y cuándo no gana?

–Podría ser que Robles dejara de ganar porque las autoridades le imponen tarifas que no cubren sus costos, o porque es ineficiente, o porque la gente viene mucho menos porque no hay nieve o porque encontró un lugar mejor, o por cualquier otra causa que haga menos atractivo el servicio que presta. Si es una empresaria inteligente, tratará de adaptarse a las nuevas circunstancias.

Pero cabe la posibilidad de que no sea una buena empresaria, o de que la única forma de adaptarse sea mudarse a otro lugar y no lo pueda hacer porque tiene mucha inversión fija aquí. Entonces bajará su ganancia, por lo tanto, reducirá los gastos: ya no va a pintar más las casetas, si se rompe un vidrio no lo repondrá y los usuarios tendremos menos seguridad.

–¿Ocurre con frecuencia en la realidad?
–Muchísimo, sobre todo en dos casos: cuando el Estado interfiere "a lo bruto", o cuando las empresas, al envejecer sus productos o sus mercados, languidecen y no son capaces de encontrar nuevas fuerzas en otra cosa. Hace años, cada vez que se congelaban los alquileres, las casas se venían abajo, a nadie le importaba nada, y ni el dueño ni el inquilino gastaban medio centavo para mantenerlas. Era una imagen de decrepitud que podía llegar a ser la de todo un país. Y lo que faltaba era simplemente la ganancia como motivación: no había razón para esforzarse y hacer las cosas como Dios manda.

–En conclusión, ¿la ganancia es para que la gente haga las cosas bien?
–No sólo eso, hay algo tanto o más importante. Si Robles gana con este cablecarril, es posible que en el futuro ella, su familia o un tercero invierta en un nuevo cablecarril si hace falta. Ya viste que, presumiblemente por los resultados obtenidos, ya hay además del de Robles y del funicular, el cablecarril de Ladobueno e infinidad de pomas y telesillas. En una palabra: la ganancia es un mensaje. La gente invierte en algo porque cree que es un buen negocio. Muchos se equivocan porque no saben hacer los cálculos o porque parten de premisas que luego no se cumplen pero, en general, la esperanza de ganar es el mejor mecanismo que se conoce para que la gente invierta. Y esa espe-

ranza se alimenta de dos fuentes: lo que a alguien le está pasando hoy y lo que alguien cree que pasará mañana.

–¿Hay algún otro mecanismo?
–Sí: que el Estado decida. Para eso necesita un super-ministro que le diga a cada uno qué tiene que producir , cómo debe hacerlo, y qué inversiones se requerirán.

–Parece muy aburrido.
–Ciertamente lo es, como toda situación donde falta la iniciativa. Pero además de aburrido es ineficaz: simplemente no funciona. Y para peor, es peligroso: cuando el Estado empieza por decir de qué color tiene que ser el papel con que alguien envuelva los caramelos que fabrica, termina diciéndole de qué lado de la vereda tiene que caminar y adónde tiene que ir el domingo. En esto de la centralización de las decisiones, es muy difícil poner límites.

–¿Así que, en definitiva, las ganancias pasadas son para tener el cablecarril bien pintadito y las ganancias futuras para hacer nuevos cablecarriles?
–Bueno, más o menos así, sólo que la inversión no siempre es "más de lo mismo". Algunos empresarios son como los asesinos que vuelven al lugar del crimen: usan la ganancia de una actividad para expandirla o para repetirla en otro lugar, pero otros se aseguran primero de que las circunstancias la hagan conveniente. A veces, los negocios que dan más ganancia son lo que ya no crecen, que funcionan solos y donde todo el mundo ya sabe lo que tiene que hacer. Pero la verdadera función de la empresa está en la innovación, en pensar en cosas nuevas, en decidirse por la novedad (siempre que tenga sentido, que sea viable). Aquellos empresarios que se adelantan a otros, vale decir que ofrecen un producto antes que los demás oferentes hagan bajar el precio, son los que más ganarán. En otras palabras, la principal y

más justificada ganancia es la generada por la anticipación e innovación del empresario con respecto a los demás.

–¿Pasa en la vida real?

–En la vida real muchas de las grandes ganancias provienen de la innovación, de anticipar el cambio y de hacer cosas más eficientemente que otros, que es otra forma de innovación. Pero no nos engañemos: no son todos los casos, hay quienes aprovechan situaciones fortuitas, que nada tienen que ver con su eficiencia o habilidad, e incluso hay quienes crean esas condiciones de manera espuria, por ejemplo provocando escasez, y entran entonces en el campo de la ganancia ilícita.

–¿Como en las películas del Oeste?

–Claro. Si la viuda de Robles fuera a romper las instalaciones de los demás medios de elevación y después subiera sus tarifas, eso ya no sería libertad, eso sería la ley de la mafia, y el que hace algo así debe ir preso.

–¿Le sirve para algo más la ganancia a Robles?

–Sí, para algo muy importante: para financiarse. Toda actividad que crece necesita dinero. Sólo hay dos formas de financiar ese crecimiento: con fondos de adentro de la empresa o con fondos de fuera de la empresa. En los dos casos tiene mucho que ver la ganancia. De los fondos internos de la empresa, el rubro más importante son precisamente las ganancias que no se distribuyen. Los fondos de afuera se dividen a su vez en dos categorías: aquellos que vienen como préstamos de terceros y aquellos que vienen como inversión en la empresa. Por los primeros hay que pagar intereses y, además, dar seguridad de que la empresa podrá devolver lo prestado, lo cual sólo será creíble si la empresa gana. Los que vienen para invertir necesitan un aliciente, una motivación: si no hay ganancia, no vendrán. De modo que tanto las ganancias que se dejan en la empresa como las que se reparten, son importantes para la financiación, de cualquier origen que sea.

–¿Te quedó algún objetivo más de la ganancia?
–Sí, hay uno más, pero justamente en el caso de Robles no sé si se cumple. De todos modos este aspecto hay que tomarlo con pinzas, por dos motivos: es el más "relativo" –aun en condiciones normales – por toda una serie de limitaciones que vamos a ir viendo, y es el que más se resiente en cuanto hay algo trabado en la economía, algún factor de distorsión de esos que nosotros tenemos bastantes.

–¿De qué se trata?
–Se trata de que para el empresario la ganancia es como para un estudiante las notas en la Facultad. Es su libreta de calificaciones. Sabemos de dónde viene la ganancia: el empresario tiene una serie de costos y gastos con los que logra producir ciertos bienes o servicios, que vende a quienes están dispuestos a pagar un cierto precio por ellos. Si lo que el empresario vende no tuviera valor, no encontraría quién se lo compre, o por lo menos quién se lo compre a ese precio. Es el resultado de ese sistema que llamamos empresa, el que hace que la suma de esos costos y gastos produzca un bien por el cual alguien esté dispuesto a pagar más de dicha suma. Por lo tanto esa ganancia, esa diferencia entre venta y costo, representa la valoración, la mayor utilidad de un bien o servicio lograda por el empresario en términos de valor de mercado. En este sentido (quizás algo ingenuo), mide la "bondad" de la gestión empresaria: cuán bien eligió lo que iba a hacer y cuán bien lo hizo.

–Algunos de mis amigos me dicen que la ganancia es el plus-valor que se genera al producir, y que por lo tanto corresponde a los que producen, o sea a los obreros, que bastante lo necesitarían, con los salarios de miseria que cobran.

–Estoy muy de acuerdo (a) que los contratos basura, las condiciones infrahumanas de trabajo y los salarios de miseria, que muchas veces son la base principal de la ganancia, deben estar absolutamente prohibidos; (b) que al ser el obrero aislado la parte débil de la relación trabajo-capital, sus intereses deben ser tutelados por el Estado y defendidos por su sindicato, y (c) que cuando nuevas tecnologías mejoran la productividad del obrero, este debe poder participar en el resultado de esa mejora. En cambio estoy muy en desacuerdo (a) que se considere que sólo los obreros producen: produce toda la empresa, y la ganancia proviene en gran medida de su accionar como sistema integrado, como vimos el día del rafting; (b) que los sindicatos interfieran en la gestión de la empresa en función de sus propias disputas internas o ansias de poder, y (c) que las demandas salariales puedan exceder los límites que marca la viabilidad (la existencia) de la empresa, en cuyo caso se quedarían sin trabajo todos.

–Otros creen que la ganancia es una especie de pecado.
–Hay quien lo cree y algunos casos de ganancias exageradas o ilícitas justifican esa noción. Pero si al pagar por un bien el precio que origina esa ganancia lo hago libremente, pudiendo tomarlo o dejarlo, y pudiendo elegir entre ese proveedor y otro, entonces esa ganancia representa el mayor valor que tiene para mí lo que compro con respecto al conjunto de cosas que entraron en esa bolsa que se llama *insumos* para fabricar o poner a mi disposición esa cosa. Entonces es, en principio, el termómetro de la empresa. Sin embargo, recordá esas condiciones que dijimos: poder *no* comprar, poder elegir entre varios oferentes (que no se hayan puesto de acuerdo) y otras restricciones que veremos más adelante, antes de cerrar el tema de este modo benévolo.

–¿Qué pasa con las ganancias extraordinarias?

–A veces resultan de talento extraordinario, pero muchas veces son golpes de suerte. Te diré que a mí no me entusiasma que haya ganancias extraordinarias, pues no me gustan las personas que se enriquecen de golpe: no es bueno para los demás ni para ellas mismas[1]. Por eso estoy en contra de los casinos, del quini, de la lotería y de los demás juegos que pueden crear en un día fortunas increíbles. Pero en los otros casos, una cosa es que no me guste y otra es encontrar la forma de restringir las ganancias extraordinarias. En este asunto, más que ir a las consecuencias, hay que ir a las causas, o sea evitar las circunstancias que permitan a alguna gente enriquecimientos indebidos, que por lo general orillan lo ilícito. Pero no se puede prohibir toda ganancia extraordinaria, porque bien puede ser producto de un desempeño extraordinario, de una innovación extraordinaria, de una visión o anticipación extraordinaria de un empresario, y si se anula todo eso, lo que se está haciendo es mediocrizar todo el sistema. O sea, dar mensajes a toda la población en el sentido de que no vale la pena que hagan esfuerzos extraordinarios, porque no les dejarán retener sus frutos.

–¿Qué pasa con el deportista que gana en un día lo que todos los de su pueblo ganan en un año de trabajo?

–Lo que pasa es que el deporte se convirtió en un espectáculo, y el espectáculo es hoy una de las industrias más poderosas que existen, que dispone de mucha plata porque pagamos para ver ese espectáculo más de lo que la gente paga por el producto que fabrica el pueblo de ese deportista. Lo que hay que hacer es limar esos extremos de altos ingresos con una legislación impositiva, como sucede en muchos lugares, sin desalentar el esfuerzo. Por otro lado, no son tantos los Maradona y los Nalbandian. Si los queremos tener, los ídolos costarán caro, pero creo que distorsionan menos la economía y la base social que los

119

nuevos ricos que semanalmente viene creando la lotería o la quiniela, o –peor aún– los financistas de sueldos o comisiones astronómicos.

–¿Por qué dijiste antes que hay que usar con mucho cuidado la ganancia como indicador de la performance del empresario?

–Porque nuevamente estamos hablando de esquemas muy simplificados, que sólo sirven cuando todo va bien y nadie mete la cuchara. Pero en este país hay millones de cucharas metidas, algunas inevitables, otras absurdas.

–¿Cuál sería un caso inevitable?

–Analicemos el caso de Robles: no creo que ella determine libremente el precio del servicio que brinda; sin duda le fijan periódicamente las tarifas, a ella como a los demás medios de elevación. Además, para llegar al col del Princesa sin pasar por el refugio Lynch, que queda algo a trasmano, tenemos que tomar necesariamente este cablecarril.

–¿Eso está mal?

–Hasta hace unos años te hubiera dicho que no estaba mal, porque para la demanda de aquí hubiera sido una barbaridad que hubiera otro medio de elevación con el mismo trayecto, dada la enorme inversión que se necesita para instalar un aparato así. Fue igual con el ferrocarril, el subterráneo, las líneas telefónicas, la electricidad, o el gas: independientemente de que lo atendiera un ente público o privado, había un solo proveedor para cada tramo o variedad del servicio, pues hubiera sido un gran despilfarro para un país como el nuestro, dadas las tecnologías y el nivel de demanda de entonces, tener dos líneas paralelas. Hoy día ya no te digo lo mismo: hay tantos medios de elevación que, librado a la competencia, podría ser que el mecanismo de precios funcione. Lo que pasa es que el costo de "entrar" para cualquier nuevo oferente es tan alto que aquí posiblemente Robles, Ladobueno y los demás que ya están se pongan de acuerdo sobre las tarifas y de nuevo no habría competencia. El resultado en ambos casos, sea que haya uno solo o que haya varios que se pongan de acuerdo, es que la competencia no funciona: quienquiera que sea el dueño, cuando no hay posibilidad de elección entre varios oferentes, no hay precio competitivo. Son los llamados *monopolios de hecho*, cuyos precios los fija "libremente" el oferente, y pueden dar lugar a cualquier abuso.

–¿Así que, en definitiva, los tiene que fijar el Estado?
–En realidad se pueden hacer 4 cosas frente a un monopolio de hecho: (1) poner las leyes y la tecnología al servicio de que deje de serlo, o sea facilitar la entrada a otros; (2) si se trata de un servicio esencial, reconsiderar si no será mejor que lo maneje la comunidad (el Estado, la Municipalidad, una cooperativa), si es que lo harán con honestidad y eficacia; (3) si no es un producto o servicio esencial, dejarlo librado a su suerte, o a la suerte del mercado: que sean los consumidores los que decidan si lo quieren o no (pues no siendo esencial, por más monopolio que sea, la gente puede no comprarlo, y (4) si no se da ninguna de esas tres, ir a un sistema mixto: gestión privada con regulación estatal.

–¿Entonces las autoridades controlarían las tarifas?
–Sí, como seguramente lo hacen aquí en el Catedral.

–¿En ese caso qué pasa?
–Supongamos que la señora de Robles está ganando mucho dinero: ya no estamos seguros de si es porque sabe manejar muy bien su negocio, o por vaya a saberse por qué artilugios, le fijaron tarifas muy altas. Lo mismo en el caso contrario: si está perdiendo plata, no necesariamente es porque no conozca su negocio; tal vez le estén manteniendo tarifas demasiado bajas, y por más que se esfuerce nunca va a llegar a nada.

–¿Qué tendría que hacer?

–Lo que tendría que hacer en ese caso es, ante todo, extremar la eficacia de lo que hace. En segundo lugar, la viuda de Robles y la autoridad del Catedral deberían negociar sobre bases lo más constructivas y objetivas posibles, aplicando conceptos de administración como los que aquí comentamos. Para lo cual Robles debería tener las cuentas en orden, o sea una buena contabilidad.

–¿Eso qué tiene que ver?

–Tiene que ver en que, con esa actitud y con esa buena información contable, es posible sentarse a una mesa a negociar tarifas razonables, de tal manera que verdaderamente al eficiente le vaya bien y al ineficiente le vaya mal. En la mayoría de los países avanzados, este tipo de tarifas no se fijan mediante una pulseada –a ver quién tiene más fuerza (en el mejor de los casos)–, sino evaluando costos y beneficios con datos a la vista, y en un comité donde participan todos los involucrados, incluso los usuarios.

–Y fuera de ese caso, ¿la ganancia mide la eficacia del empresario?

–Hay otros problemas. Si un ministro de Economía de la noche a la mañana cambia las reglas del juego, abre o cierra la importación, adelanta o atrasa el tipo de cambio, encarece o abarata los intereses o toca en forma imprevista alguna otra de las grandes variables de la economía sobre las que el empresario no tiene control, eso sin duda afectará su ganancia y sin embargo no está reflejando su nivel de eficacia.

–Pero puede preverse.

–Sí, a veces puede preverlo, cuando está dentro de la lógica, pero otras veces está en contra de lo razonablemente previsible, e incluso en contra de mensajes previos de las mismas autoridades o de las que acaban de ser reemplazadas. Esto te demuestra la importancia de una buena comunicación entre gobernantes y gobernados, una consistencia en cuanto a las personas que las aplican, para que el aparato productivo pueda funcionar sin tropiezos y no pase, como ha pasado, que algunos reciben regalos increíbles mientras otros pierden todo.

–¡Uy!, se paró el cablecarril con gente arriba. Deben de haberle fijado tarifas muy bajas.

–No, lo que pasa es que se levantó viento y cuando se mueve mucho lo paran para que no choquen el que va y el que viene. Vas a ver que enseguida, cuando pare el viento, funciona de nuevo.

–Menos mal.

Habíamos seguido caminando, bordeando el filo de la montaña, siempre con el valle del Rucaco a nuestros pies y dominando el amplio panorama de cumbres, hondonadas y laderas que se extienden desde el lago Mascardi hasta el brazo Tristeza, con el Tronador al fondo. La picada, pese a que la llaman "por el filo", no va precisamente por la cumbre sino un poco más abajo. Más que caminar por una senda, lo que hacemos durante un par de horas es avanzar de piedra en piedra, teniendo cuidado de no resbalarnos valle abajo, en lo que sería una patinada de mil metros hasta el arroyo Rucaco. Por suerte la picada está muy bien señalada, pues aunque parece que camináramos simplemente por la pendiente, la diferencia entre la huella marcada y cinco metros más arriba o más abajo es apreciable. De todos modos hay que tener buenos tobillos y buen calzado. Pasos verdaderamente difíciles no hay, pero sí uno bastante pintoresco, donde debemos cruzar por dentro de una roca y salir como si fuera por una chimenea. El que lleva mochila tiene que pasarla por afuera, pues si no, se atasca como gato glotón. Así lo hicimos, y por última vez, pues dada su dificultad, al año siguiente eliminaron el bloque entero que impedía el paso.

Desde lejos vemos otra marca característica, la "piedra inclinada", que señala la zona de las lagunas hacia donde vamos. Ahora el valle del Rucaco es mucho más ancho, y lo observamos atentamente, pues será nuestra ruta de mañana cuando vayamos del refugio Frey al del Jakob. Pero ahora, cuando llegamos al corte en el filo, dejamos esa ruta a la espalda, y en cambio cruzamos la quebrada que, por ser uno de los pocos sitios llanos, llaman "cancha de fútbol". En verdad pareciera que también hay paleta y bochas, pues son varias las plataformas rodeadas por graderías de piedras. Al pasar al otro lado de la montaña, divisamos bastante más abajo la laguna Schmoll, hacia la cual descendemos por un sendero tan empinado que casi parece una escalera. Hacemos una pausa para tomar aire después de una rauda bajada saltando de piedra en piedra.

–Lo que charlamos hasta aquí lo veo claro: la importancia que tiene la ganancia para que la señora Robles atienda y mantenga su cablecarril como la gente, para motivarla a agregarle un tramo o hacer otro cablecarril si hace falta, para retribuirle por los recursos que aportó y los riesgos que asume, para premiar su visión progresista al venir a instalarse aquí, para cubrir parte de sus necesidades financieras y para indicarle si está manejando su empresa bien o mal. Pero siempre estamos hablando de ella, vale decir, de una empresa en particular, llámese como se llame. Ahora me pregunto: ¿conviene que cada uno invierta donde quiere, sólo porque le da más ganancia? ¿Por qué no hemos hablado de este tema más amplio?

–Muy bueno tu planteo y te contesto: hasta ahora no hemos tocado ese enfoque más que en forma tangencial, precisamente porque es más amplio. Empezamos por enfocar la ganancia desde el punto de vista de una empresa, o sea analizándola en el contexto de lo que habíamos llamado microeconomía. Tu nueva sugerencia ya entra en el terreno macroeconómico, o por lo menos en una zona limítrofe entre micro y macro. Lo podemos analizar con más claridad ahora que ya nos ocupamos del enfoque micro. Inclusive te voy a proponer cambiar de ejemplo.

–¿Ya no sirve Robles?

–No es que no sirva, pero no es el mejor. Lo que sucede es que al pasar de micro a macro, nos va a suceder como cuando pasamos de un único automóvil o bote, el nuestro, a una flotilla. En el caso de los medios de elevación del Catedral, a pesar de que Robles no es el único, las opciones son pocas. Concretamente, para ir al refugio Frey por el filo sólo tenemos como alternativa subir por funicular hasta el refugio Lynch, que queda bastante más lejos, o subir a pie hasta el col de Punta Princesa. Para estudiar el tema de la ganancia desde el punto de vista de toda la sociedad nos conviene un caso más parecido a una multitud de oferentes y demandantes.

–¿Por ejemplo?

–Por ejemplo tu compra de zapatillas para venir aquí. Cuando viste que tus zapatillas bajas no eran las más indicadas para saltar entre las piedras durante cinco horas, tuviste que comprar zapatillas de caña alta o zapatos de montaña. Habrás notado que podías conseguir esa clase de calzado en infinidad de negocios en Bariloche. Ese es el ejemplo que nos puede servir para analizar el apasionante tema que formulaste.

–No sabía que había formulado un tema apasionante. Simplemente quería saber si el cablecarril que puso Robles o la zapatería que puso Fernández, surgidos en función de la plata que cada uno pensaba que iba a ganar, era lo que había que hacer.

–Pues insisto en que el tema es apasionante y se llama *asignación de recursos*[2].

–¿Y eso es...?

–... lo que posibilitó que hubiésemos encontrado una zapatería en Bariloche, y en esa zapatería el par de zapatillas que necesitabas.

–Ciertamente apasionante…

–No es broma. ¿Cuántas reuniones tendrían que haberse hecho si algún organismo oficial hubiera tenido que decidir cuántas zapaterías, panaderías o lecherías deberían existir en Bariloche, y cuántos modelos distintos de zapatillas debería tener en venta cada zapatería, cuántas medidas, cuántos colores?

–No acabarían nunca.

–Así es. Y ahora, pensemos en un sistema que prácticamente funciona solo, que abarca todo el país, todos los ramos, todos los productos, todos los modelos, tamaños y variantes de cada producto, a través de todo el territorio nacional, desde las grandes ciudades hasta el último pueblito, y todo esto sin una súper organización, sin un mar de planillas y sin requerir una inteligencia sobrenatural para organizarlo.

–No digo que sea apasionante para no darte la razón demasiado pronto, pero la verdad es que llama la atención. ¿Qué nombre tiene todo eso?

–Es el sistema competitivo de mercado, y a poco que lo pienses verás que como sistema de decisión social con infinitas variables es verdaderamente apasionante.

–¿Cómo funciona?

–Atención que entramos en terreno resbaladizo.

–Sí, ya veo que para bajar de la "cancha de fútbol" a la laguna Schmoll tuvimos que dejarnos llevar por un empinado callejón que arrastra cuanta piedra suelta hay en metros a la redonda.

–No lo decía por eso, sino por lo que una vez hablamos acerca de los modelos: para entender cómo funciona el mercado tenemos que empezar por describir un modelo; después tenemos que comparar el modelo con la realidad, luego posiblemente tendremos que reincluir algunas complicaciones que antes habíamos excluido, y finalmente podremos sacar ciertas conclusiones.

–¿Cómo es ese modelo?
–Es un modelo de equilibrio, en virtud del cual se supone que la cantidad de zapaterías en Bariloche, así como la cantidad de modelos y tamaños de zapatillas de que disponen esas zapaterías, son justamente las adecuadas. O sea, el justo medio de lo que nos conviene a nosotros para tomar la mejor decisión a fin de que vengas bien calzada a esta caminata, y lo que les conviene a los que están en el ramo de las zapatillas para no encarecer el producto con infinita cantidad de modelos y tamaños.

–Recuerdo que alguna vez hablamos de un tanque cuyo objetivo era regular el agua a un determinado nivel[3]. ¿Cuál es el objetivo del sistema del mercado? ¿Proveerme zapatillas a mí?
–No, es algo más amplio, y está referido a tres cuestiones: qué producir, cómo producirlo y qué valor relativo tienen las distintas cosas que se producen, o sea los términos de su intercambio. Así, el sistema de mercado determinó que encontraras zapatillas de básquet en Bariloche, que encontraras tu tamaño, como asimismo el color que te gustaba (aunque eligiendo entre tres colores y no entre una gama infinita), que estuviesen hechas de los materiales que al parecer son adecuados para este propósito (al menos así lo espero) y que tuviésemos que pagar un cierto precio por ellas. Como cuestión derivada de las anteriores, el sistema de mercado también determinó de alguna manera cómo se dividen los productos entre la población, o sea, si es más fácil conseguir zapatillas de básquet o zapatos de fiesta. Todo esto, a su vez tiene que ver con cuánto te pagan en tu trabajo, comparado con lo que pagan al presidente de la

compañía que te emplea, y comparado con lo que le pagan en la zafra al bracero tucumano, que juega al fútbol con su hijo, él en alpargatas y el hijo descalzo.

–¿No es la misma cuestión que vimos cuando tratamos mis necesidades de zapatillas y mis posibilidades de pagarlas?

–Exactamente, sólo que ahora lo estamos considerando más allá de cómo afecta el nivel de ingresos de una persona. Por ejemplo, el sistema de mercado puede llegar a determinar la intensidad de esfuerzo de distintos componentes del sistema productivo. Si consideraras las zapatillas de básquet como un problema de vida o muerte, y si hubiera muchos compradores en tu situación, podría ser que en algún lugar un jefe de producción ofreciera a su personal una prima extraordinaria para trabajar más que el horario normal y podría ser que, después de sopesar los pros y las contras, alguna familia decidiera cambiar su ritmo de vida, en cuanto a proporción de horas de trabajo y de ocio, por causa tuya.

–No sabía que yo era tan poderosa.

–Bueno, todo eso no ocurriría si fueras la única con ese capricho o necesidad. De todos modos, estamos hablando del modelo; quizás cuando analicemos la realidad, te queda el último lugar de la fila...

–¿De qué depende que la realidad se parezca al modelo?

–De que se cumplan efectivamente ciertas reglas y condiciones que tienen que ver con la forma en que está organizada la sociedad. Por ejemplo, que nadie te diga qué calzado tendrás que usar y que nadie le diga al fabricante qué tiene que fabricar (libertad para producir y consumir). Análogamente, que puedas comprar las zapatillas voluntariamente, o sea que su adquisición no esté prohibida ni sea obligatoria (libertad de intercambio o de transacciones). Esto implica a su vez dos cosas: que ninguna disposición legal te obligue o prive de comprar o vender, y que la acción privada no pueda ser ejercida con el uso de fuerza o violencia: ningún matón te "convenció", garrote en mano, de comprar determinada marca o entrar en determinado negocio. Y para que todo eso funcione, hace falta otra condición: que tengas múltiples negocios donde comprar y que múltiples fabricantes hayan provisto cada uno sus productos a dichos negocios, que múltiples empresas de transporte los hayan podido traer a Bariloche y que de similar manera cada una de las etapas de elaboración y distribución haya sido cumplida por gran cantidad de oferentes (competencia). Esto también implica dos cosas: que tiene que haber suficientes alternativas efectivamente disponibles: es necesario que puedas comprar tus zapatillas en distintos negocios en Bariloche, no que la próxima alternativa fuera comprarlas en la isla Huemul, a donde tendríamos que ir en lancha; y que los bienes deben ser verdaderamente equivalentes: poder elegir entre distintas zapatillas debe significar poder elegir entre productos similares, no entre una zapatilla de básquet y una de ballet, o que todas las demás se rompan a los diez minutos, o que algunas vengan con música.

–¿Pero lo que se enseña en los cursos de comercialización no es acaso cómo diferenciar los productos, hacer que no sean equivalentes?
–Efectivamente, la diferenciación en calidad, utilidad, características, marca, envase, tamaño o cualquier otro aspecto, constituye una de las principales herramientas de la comercialización moderna. Eso te muestra una de las grandes contradicciones que hay en este asunto del mercado: los mismos que van a defender a muerte la libre competencia, cuando se trata de sus propios productos van a tratar de zafarse de ella mediante la mayor diferenciación posible.

129

–¿Está mal eso?

–No, no está mal en absoluto: la diferenciación, salvo que se logre mediante mentiras, es una legítima herramienta competitiva, pero sirve para ver lo relativo del concepto de competencia.

–¿Hay más condiciones?

–Sí. No basta con que las distintas zapatillas estén allí compitiendo, hace falta que lo sepas: el modelo presupone el total conocimiento por parte de todos los posibles compradores acerca de los posibles oferentes y de los distintos precios y sus diferentes calidades. Esto incluye también el pleno conocimiento por parte de los compradores de todos los detalles técnicos, pues se supone que son todos inteligentes e informados.

–Menos mal que yo algo sabía de zapatillas, si no, me podían vender un buzón.

–Muy cierto. Y más todavía, si pasamos a cosas más sofisticadas que las zapatillas, que requieren algunos conocimientos especializados para ser evaluadas, como por ejemplo la compra de un aparato electrónico, la construcción de una casa o la contratación de un servicio médico.

–Además, está lo de los precios: según me contaste acerca de años atrás, cuando terminabas de comprar, ya habían aumentado.

–Eso es muy cierto. No sé si te das cuenta de que dijiste una cosa trascendental.

–¿Por qué? ¿Qué significa lo que dije?

–Nada menos que, con alta inflación, el mecanismo competitivo o de mercado no funciona. Y como a cada rato tenemos alta inflación y no conseguimos sustituir en forma sistemática ni muy rápidamente el mecanismo competitivo por ningún otro, eso explica lo difícil que es salir de ese círculo vicioso. La realimentación, en lugar de acortar la brecha, la amplía: sube el precio y en lugar de retraerse, los consumidores corren a comprar antes que aumente aún más, y en cambio son los oferentes los que se retraen, a la espera del aumento futuro. O sea que sin moneda razonablemente estable el mercado clásico no funciona y del mecanismo competitivo nos olvidamos.

–Bueno, ya tenemos bastantes condiciones. ¿Hay alguna otra?

–Sí, una muy importante: debe haber independencia entre los oferentes (y también entre los adquirentes). De qué sirve que haya muchas zapatillas para comprar y muchos negocios donde comprarlas, si todos los negocios se pusieron de acuerdo y hay una sola lista de precios en todo Bariloche, cualquiera sea la marca o el negocio, para los distintos modelos.

–O sea que no debe haber coalición.

–Exacto, veo que te acordaste de esa palabrita. En el momento en que hay acuerdo para limitar las alternativas que deberías tener para comprar tus zapatillas, todo el sistema se cae. En el extremo está el fuerte proceso de concentración (agudizado en tiempos de crisis), que se manifiesta en la imparable cantidad de fusiones, muchas de ellas nefastas cuando están orientadas a la eliminación de la competencia y a la acumulación de poder. Socavan así a la misma base competitiva en la que se sustenta todo el sistema[4].

–Medio exigente el modelito, ¿no?

–Más bien. Y aún falta algo que lo consolide. El contexto que rodea al sistema debe desenvolverse en un estado de derecho. Un propósito esencial de ese estado de derecho es asegurar "que las promesas se cumplan", como dijimos en la charla anterior. Además, debe asegurar que no se formen coaliciones, y sentar reglas que impidan que algunos participantes transfieran indebidamente parte de sus costos a otros.

–Lo que me gustaría saber es adónde nos llevan todas estas limitaciones del modelo.

–Nos llevan a que el sistema de mercado –o sea usar la ganancia como mecanismo para asignar recursos–, tiene importantes condicionamientos. Hasta aquí hablamos de límites prácticos, es decir de cosas que puede hacer el modelo, pero no siempre la realidad. También hay límites teóricos, vale decir cosas que ni siquiera el modelo funcionando a la perfección puede hacer.

–¿Cuáles son?

–Fundamentalmente tres: el hecho de que el mercado no tiene aptitud para regular los bienes públicos[5], ni para fijar sus propias reglas de funcionamiento, ni para determinar el nivel de actividad de la sociedad en conjunto.

–¿Qué es eso de bienes públicos?

–Por un lado hay bienes privados: son los que uno usa si quiere, sin que eso implique que yo también los tenga que usar: cada cual puede tomar una decisión independiente. Pueden ser las zapatillas, la carpa, el coche, la casa, ir al cine, comer carne, comprar una máquina para hacer zapatillas, carpas o coches. Todos brindan directa o indirectamente satisfacción individual, el par de zapatillas a mí personalmente; la ida al cine a mí y a tu madre; la carpa, la vivienda o el coche; a mí y a nuestra familia, pero siempre a un número reducido de personas, sin abarcar en ningún caso una comunidad entera. Pero hay otros bienes, los llamados bienes públicos, como la seguridad, el cuidado de la naturaleza o la estabilidad jurídica, por ejemplo, cuyo beneficio es para toda la población: lo poco o mucho que haya, nos beneficiará por igual a todos los integrantes de nuestra comunidad o país, independientemente de si queremos participar de ese beneficio o no, porque son bienes que no vienen en porciones. La primera limitación teórica del sistema de mercado es que no sirve en absoluto para asignar recursos entre bienes privados y bienes públicos: por más que se aplique un modelo ideal, esa función no estará dentro de sus objetivos, porque no se puede resolver mediante la competencia, requiere una decisión política. Aunque quieras, no vas a poder aplicar un sistema competitivo a los bienes públicos, porque para ser competitivo hay que tener libertad de elección, la capacidad de tomar el bien o dejarlo. Para eso el bien tiene que ser divisible, y los bienes públicos son indivisibles por definición.

–¿Y los otros límites teóricos?

–En cierto modo son derivaciones del anterior. Uno de los bienes públicos más importantes es el sistema jurídico, concretamente el conjunto de reglas en que deben encuadrarse las transacciones. Por más que estas transacciones sea privadas, las reglas que las organizan son públicas y no las pueden disponer las partes mismas, porque precisamente se deben aplicar a los casos de conflicto entre tales partes. En otras palabras, el sistema de mercado implica libertad de acción, pero no establece los límites más allá de los cuales la libertad de acción de uno afecta la libertad o los derechos o el bienestar de otro.

–¿Algún ejemplo?

–Sí, uno muy cercano: la presencia de una Dirección de Parques Nacionales aquí. Si desapareciera Parques, creo que en medio año no quedaría un solo bosque en este paraíso de la naturaleza que Dios nos regaló: los aserraderos harían una masacre. Lo peor es que yo mismo sería uno de los culpables: desde el diario que compro todos los días hasta el mueble que compro ocasionalmente, contribuyo como todos a una demanda de madera que hace más rentable talar los árboles al mayor ritmo posible, que mantener este hermoso panorama para beneficio de todos los visitantes, haciendo sólo cortes selectivos para airear los bosques, como permite Parques.

–¿Esto tiene que ver con lo de imponer costos a otros, que mencionaste hace poco?[6]

–Exactamente. Lo que pasa es que hay casos en que el peligro es remoto y para evitarlo basta con fijar ciertas reglas. En cambio, en casos como el de los bosques de Parques Nacionales, si se dejan expuestos a la libre acción del mercado, el daño es inevitable y rapidísimo. Sucede como con las casas históricas de San Telmo y demás barrios tradicionales de Buenos Aires y otras ciudades: libradas a la lucha competitiva, no quedaría ni una, y todos nos pasaremos sin ellas. Pero los que queremos que se mantengan somos nosotros, que de vez en cuando pasamos por delante y disfrutamos de contemplar esos jirones de historia, pero no somos nosotros los que pagamos los impuestos ni los arreglos ni los gastos de mantenimiento ni tenemos invertidos nuestros ahorros en algo que no da nada.

–¿Quiere decir que no hay soluciones fáciles?

–No, no son fáciles. Si la comunidad quiere conservar esos bienes como monumentos, algo le van a costar. Lo que quiero decirte es que se trata de decisiones políticas: si se dejará que el dueño haga lo que quiera, o si se va a restringir su libertad, estableciendo en qué caso le impondrán restricciones y cómo lo compensarán por ellas. Lo que no se puede hacer es creer que esa decisión la va a tomar el mecanismo de mercado, porque es un ámbito que el mercado no puede regular. Si no te das cuenta de eso, cuando quieras tomar una decisión política, en un sentido o en otro, te vas a encontrar con que ya está todo demolido.

–Me dejaste impresionada. Me gustan mucho las casas históricas y más aún estos bosques. Espero que cuando sea mayor, mis hijos y mis nietos puedan gozar de ambos.

–Ojalá. Ahora bien: si esta es la clase de problemas que surgen con un recurso que dentro de todo es potencialmente renovable, como el de la forestación, cómo será de grave el problema de la destrucción irreparable del equilibrio ecológico: lo que pasa con la defoliación del Matto Grosso, con la explotación irracional que convierte en tierra árida toda la Patagonia, con los productos químicos que reducen la capa de ozono, con las emanaciones de dióxido de carbono que harán irrespirable el aire, y con tantos casos más, ninguno de los cuales es remediable por el mercado. Al contrario: si no hay normas claras y buen control, aquí el mercado es el enemigo.

–¡Qué espanto! Además te quedó en la manga el tercer límite teórico.

–Cierto. El último es parecido a los anteriores pero más complejo aún, por entrar netamente en el campo de la macroeconomía. Si bien en el ámbito del mercado cada transacción y cada acto de producir es privado, porque en nuestro sistema económico corresponden (¡menos mal!) a decisiones privadas, su conjunto, o sea la acumulación de sus efectos, es pública. Aunque yo individualmente impulse la economía comprando un par de zapatillas o vendiendo un libro, el hecho de que el total de las compras y de las ventas tenga en determinado momento un efecto acumulativo que haga bajar el nivel general de actividad (la tan mentada recesión) o provoque un aumento generalizado de precios (nuestra bien conocida inflación) u ocasione cualquier otro efecto acumulativo de las grandes variables económicas, está fuera de mi alcance. Aquí se da la contradicción de que, aunque las decisiones individuales se rijan por el mecanismo del mercado, su efecto global no es algo que se pueda comprar o vender a voluntad.

Vamos acercándonos a la increíblemente bella laguna Schmoll. Ya desde el comienzo de la bajada, y más aún desde el borde de la laguna, nos encontramos con un lugar de ensueño. Nos rodean por todos lados, como si fueran columnas o tubos de órgano de una catedral, las múltiples agujas y torres que caracterizan al cerro que tiene precisamente aquel nombre. Son las agujas que hemos visto desde el tren desde Ñirihuau, estación anterior a Bariloche, o desde el aeropuerto, o desde la carretera antes de toparnos con el lago Nahuel Huapi. Es el perfil de serrucho que vemos desde cualquier rincón de Bariloche y muchas de sus adyacencias. La cúspide más alta de todas, la Torre Principal, es la que vemos desde lejos cuando estamos en la zona del Tronador. En este lugar mágico, a orillas de la laguna, hacemos un descanso antes de bajar al refugio.

–Finalmente me dejaste bien confundida. ¿Sirve o no sirve la ganancia para asignar recursos?
–Te gustaría la respuesta precisa, la fácil, pero esta no es fácil. La ganancia sirve, pero no para todo. Como método es una maravilla, pero una maravilla llena de limitaciones y fallas.

–¿Podrías concretar? ¿Por qué es una maravilla, y por qué está llena de fallas?
–Es una maravilla porque lo que consigue, aunque sea parcialmente, es casi un imposible: organizar uno de los aspectos más complejos de la sociedad, de una manera que apenas se nota. Cientos de miles de unidades productivas, individuos o empresas, toman decisiones cuya garantía de que están bien tomadas es el hecho de que hay quienes arriesgan su propio dinero en ellas. Compiten para satisfacer nuestras necesidades y preferencias actuales, así como las necesidades futuras en las cuales aún ni siquiera pensa-

mos. Y todos tratan de ofrecer sus productos al menor costo, o por lo menos no a mayor precio que sus competidores, pues si no, se funden.

–**¿Y las fallas?**
–Fallas hay a montones y surgen fácilmente con sólo comparar las limitaciones y condiciones que vimos antes, y aún algunas más que te voy a agregar, con la realidad que nos rodea y que podemos ver cada día. Por empezar, el mecanismo de mercado es un sistema de premios y castigos, y los premios gustan, pero los castigos no los quiere nadie. Cuando la empresa que hace algo que nadie quiere (por lo menos a ese precio) cierra, permite que los recursos se dediquen a algo más útil. Pero lo de la transferencia de recursos es más fantasía que realidad: es muy difícil transferir recursos de una actividad a otra, una vez que fueron puestos en uso. Lo que tenía valor como empresa en marcha, a la hora del remate muchas veces sale como chatarra. Y el operario que pierde su lugar de trabajo tiene que seguir comiendo, y casi nunca lo están esperando en otro lugar de trabajo. Es fácil decir que solamente es un problema de transición, y que quizás sólo represente una demora de 6 meses, pero esos meses pueden ser un drama. Ni qué hablar de cuando esos ajustes toman mucho más de 6 meses y provocan desempleo crónico, muchas veces sin aportar soluciones de fondo que justifiquen tamaño sacrificio. La vez que más me emocioné (yo y 2.000 personas más) en una conferencia sobre Economía, fue cuando uno de los principales economistas del mundo desarrollado simplemente contó lo que sintió cuando, de joven, estuvo 2 meses sin poder encontrar trabajo[7].

–**¿Entonces?**
–Entonces hay que reconocer que el sistema, aunque funcione, es costoso y que por lo tanto requiere que la

comunidad esté atenta a todos los efectos, no sólo los económicos, y tenga un mínimo de solidaridad social para evitar que esos costos se hagan imposibles de soportar, sobre todo si recaen sobre el sector más débil, como generalmente sucede.

–¡Y encima de eso puede pasar que el sistema no funcione!

–Exacto. El sistema, la maravilla que dijimos antes, tiene altos costos que más vale reconocer, y además funciona con continuos apagones. En algunos países esos apagones son la excepción. En otros, son la regla. Fundamentalmente, por el "problemita" de la inflación que nosotros hemos tenido durante muchos años. Una de las principales condiciones que dijimos, la de la visibilidad de los precios, la de la buena información que permita comparaciones y decisiones racionales, parece cosa desacostumbrada. Cuando hablemos de cómo se forman los precios vamos a volver a ver todo esto desde otro ángulo.

–¿Y la conclusión?

–La conclusión te la digo cuando lleguemos al refugio.

Estábamos tan cerca del refugio Frey, que el alto a orillas de la laguna Schmoll fue más para gozar del paisaje que para descansar. No nos restaba sino terminar de rodear esa primera laguna, bajar el pedrero –nuevamente muy empinado– que conecta la laguna Schmoll con la Toncek, bordear esta última y llegar a la preciosa casita de piedra que nos albergaría esa noche.

El refugio estaba lleno de deportistas que venían de pasar el día practicando su especialidad, la escalada en roca, en los puntiagudos cerros que rodean la laguna. La profusa ferretería que les ceñía la cintura, con multitud de clavos, mosquetones, estribos y otros elementos metálicos cuyo uso nos resultaba harto misterioso, nos hizo recordar a los caballeros andantes, no sólo por el brillo de los metales sino por el ruido que hacían al moverse. Preguntamos a uno de ellos cómo le había ido. "Pues, de maravillas –nos contestó con innegable acento hispánico –; ahí está mi compañero, que parece que no puede parar". El compañero de marras era un catalán recién llegado, que había dejado las torres de Montserrat para escalar el Aconcagua, después de lo cual había llegado "a descansar" al Catedral. En ese momento estaba subiendo al segundo piso del refugio por su pared externa, que a nosotros nos parecía lisa pero en la cual él encontraba unos invisibles asideros con toda facilidad. "La montaña es deslumbrante –continuó diciendo nuestro amigo –, es lo mejor del mundo, pero también hay que tener cuidado: es lo más traicionero que existe. Un descuido y... ¡zápate!".

–¡Ahí está la respuesta a tu pregunta sobre el mercado y el mecanismo de ganancia para asignar recursos! –aproveché a decir a mi hija–. Lo mejor y lo más traicionero del mundo. Los que creen que quienes señalan sus peligros lo traicionan están muy equivocados. Es como la montaña: los que más la aman son los que más conocen sus peligros y saben que no desmerece su amor por la montaña el hecho de tener los ojos bien abiertos. En cambio, los del amor a ciegas, los que creen que la crítica es traición o señalar peligros es debilidad, esos son los que realmente desgastan el sistema, pues si por ellos fuera este sucumbiría a sus fallas. Es igual que lo que sienten los marinos con respecto al mar: saben que hablar de los peligros del mar no es estar en contra del mar. Al contrario, quienes más lo aman más le temen y saben tomar medidas para hacerle frente. Y ahora ubiquémonos en el refugio, que hay "un mar" de gente.

LA VARIABLE PRECIO
Y EL MECANISMO DEL MERCADO

A la mañana siguiente iniciamos la cruzada Frey-Jakob para llegar nuevamente al refugio Gral. San Martín, a donde habíamos ido en días anteriores por la picada, pero esta vez por otra ruta. Para eso debíamos desandar ante todo el camino desde el refugio Frey hasta la "cancha de fútbol", último tramo de nuestra caminata del día anterior por el filo.

Subir por la roca suelta de los pedreros que comunican la laguna Toncek con la Schmoll y a esta con el filo resulta bastante cansador para los veteranos que ya no tenemos 20 años: con cada paso que damos hacia arriba, la montaña parece moverse otro tanto hacia abajo. Me gustaría hacer un comentario sobre la diferencia entre avance bruto y avance neto, concepto importante en las empresas –además de clave, a mi juicio, del fracaso de los avances revolucionarios– pero me falta el aliento. Después de algunas carreras bruscas que probablemente no merecerían la aprobación de mi cardiólogo, alcanzamos el filo y, tras tomar aire y atravesar las canchas de fútbol, paleta, bochas, etc., iniciamos el descenso.

Eso de "iniciar el descenso" es un decir, porque en este caso es cuestión de iniciarlo, seguirlo, continuarlo y terminarlo, todo en uno. Si difícil fue la subida, la bajada es una delicia, siempre que uno tenga buenos zapatos, buenos tobillos, no demasiada carga y un razonable sentido del equilibrio. En este lado de la montaña la roca está mucho más suelta aún, y todo es cuestión de formar bajo nuestros pies un colchón de polvo y piedras, encima del cual nos dejamos resbalar raudamente casi como si estuviéramos esquiando.

Al ser la bajada del Catedral hacia el valle del Rucaco bastante extensa, este divertido descenso en "esquí caliente", que alguno podrá hacer en 10 minutos, nos tomó más de media hora, incluidas las escasas ocasiones en que logramos detenernos para admirar el paisaje. El deslizamiento fácil termina en el lecho seco de un río, que nos lleva, ya abajo, a la punta de un bosque, que a su vez nos lleva a una senda que va sorteando un mallín y bordeando la zona frondosa.

Ahora estamos en medio de la extensa planicie que ayer habíamos visto debajo de nosotros mientras caminábamos allá arriba por el filo. Lo que desde lo alto había parecido una pradera algo tonta, resultó ser una pampa de increíble belleza: la ladera del cerro Catedral con sus agujas asomando por doquier, y la cuesta del cerro Tres Reyes con sus escasos planchones de nieve, formaban un extenso círculo de piedras limitando por todos lados la amplia planicie.

Dejamos atrás un claro del bosque ideal para acampar –efectivamente habíamos visto desde el filo un par de carpas en ese lugar, pero ya no estaban cuando llegamos –y continuamos chapoteando por el mallín, siguiendo con suma atención el leve doblez del pasto apenas pisado, única indicación de que por allí va la senda. Los mallines son planicies inundadas o muy húmedas con agua que surge del suelo, muy aptos para perderse, pues el sendero no queda bien marcado en esos pastizales anegados, y las señales con pintura son escasas. No hay donde ponerlas de modo que perduren.

Comenzaba a hacer calor, y aprovechamos el cruce de uno de los arroyitos que alimentan el cauce del Rucaco para hacer un alto al lado del agua fresca. Marcelo, un joven cordobés con el que habíamos estado en el refugio, nos había alcanzado en la zona de mallines y se unió a nosotros. Con él intercambiamos chocolates: él había comprado en Bariloche y nosotros en el Frey. Tras el convite mutuo, mi hija y Marcelo decidieron intercambiar información sobre precios, lo cual inevitablemente nos llevó a una de nuestras habituales charlas.

–¿Por qué eran tan caros los chocolates en el refugio?

–Supongo que estás preguntando por qué eran más caros allá arriba que en Bariloche.

–Sí.

–Por un lado, hay un costo adicional de transporte: todo lo que hemos consumido arriba hubo que subirlo a mochila desde el comienzo de la picada, y hasta allí hubo que traerlo desde Bariloche en camioneta. Si al que sube lo agarra la lluvia, algunas cosas se le van a mojar y perder sin remedio. Así que una de las razones es que tiene mayores costos. Por otro lado, arriba son muchos los que quieren chocolates pero uno solo el que los vende: el refugiero. Así que es lógico que el precio sea más alto.

–Me convenciste. Pero me convenciste con dos argumentos distintos. ¿Cuál es el que vale?

–Los dos valen. Así como hay dos caminos para llegar al refugio Frey, uno por el filo y otro por la picada, hay dos formas de llegar al precio: una por el costo y otra por la relación entre oferta y demanda.

–¿Y las dos llegan al mismo destino?

–En principio y a la larga sí, pero en la práctica y en el corto plazo hay mucho que hablar. Ante todo hay que tener presente que llegar al precio por el camino del costo no es lo mismo que decir que precio y costo coinciden. Entre el costo total de algo y su precio está la ganancia de la que hablamos ayer. De cualquier forma que llegues al precio, sea porque se pusieron de acuerdo los que quieren comprar con los que quieren vender (vale decir que se llegó a un valor común en que coinciden la demanda y la oferta), sea porque el que vende calculó su costo y su ganancia[1], sea porque hay un precio máximo fijado por el gobierno, ese precio será igual al costo más el resultado, justamente porque el resultado se calculó como diferencia entre el precio y el costo.

–¿Y si el precio no alcanza a cubrir el costo?
–También se cumple la ecuación. Lo que pasa es que en ese caso el resultado será negativo y donde dijimos "más", en realidad estamos agregando un valor negativo, que es lo mismo que restarlo.

–¿Por qué dijiste que eso es cierto solamente en principio?
–Porque decir que dos ecuaciones son iguales cuando una de ellas tiene un elemento que representa la diferencia necesaria para que efectivamente sean iguales, no significa nada. Es como decir que una cosa es igual a sí misma. Lo que realmente importa es saber si detrás de una ecuación hay una relación de causa y efecto o simplemente una igualdad matemática. En la cuestión de los precios, lo que importa es cómo se formaron en cada caso. Si el refugiero dijo: "El chocolate me costó 7 pesos en Bariloche, más 3 pesos de costo traerlo hasta acá, más 2 pesos porque quiero ganar el 20% de todo lo que vendo" y le pone el precio de 12 pesos, entonces es un precio al que llegó por la vía del costo. En cambio si dijo: "Este chocolate lo voy a poder vender a 12 pesos porque me parece un precio razonable que la gente va a pagar por el beneficio que recibe; en cambio si lo cobrara 15 pesos les va a parecer caro y no lo van a comprar", en ese caso llegó al precio por la vía del mercado.

–¿En qué casos se preferirá una manera y en qué casos la otra?
–Depende de si uno vende o compra. Si soy el que vende, tal vez trate de que sea de la primera manera, "vía costo", y que, recién cuando no haya más remedio, sea de la segunda manera, "vía mercado". Pero más vale que te va-

yas acostumbrando a esta segunda, porque es la que marcan los tiempos.

–¿Significa que el primer modo siempre es mejor para el que vende?

–Para el que no ve más allá de sus narices, es más seguro. Si me sujeto a la ley de la oferta y la demanda, en épocas de escasez puedo ganar un vagón de plata, pero cuando hay abundancia, quizás no alcance a cubrir los costos, y pierdo. En cambio si partiera de mis costos[2] y agregándole una ganancia razonable pudiera colocar mis productos, estaría en condiciones de planificar mejor, habría más continuidad, menos riesgos.

–¿Cómo lo ve el que ve más allá de sus narices?

–El verdadero empresario hace rato sabe que ese concepto implica dos grandes peligros: (1) convalida cualquier ineficiencia (total, al costo que salga, cualquiera que sea, se le agrega la ganancia esperada y listo), con lo cual su empresa tiene cada vez menor valor, y (2) anula o debilita el "voto" de los clientes, con lo cual su empresa se aleja cada vez más del mercado, y termina haciendo cosas que a ese precio nadie quiere[3].

–¿Entonces se funde?

–No si la economía está bastante cerrada respecto de la competencia externa, porque entonces es probable que todos sus competidores hagan lo mismo. En cambio en una economía razonablemente abierta, efectivamente lo van a desalojar del mercado, y es por eso que el "cost-plus" ya no va.

–¿De dónde sale la suposición de que yo preferiría partir del costo?

–Por una característica de las personas (y también de las organizaciones) que hace que algunos tengan más propensión al riesgo y otras más bien aversión al riesgo. No te gusta el azar, y creo que preferirías ir a lo seguro, aunque perdieras la posibilidad de obtener ganancias extraordinarias[4].

–¿Hay que elegir? ¿No se puede tener las ventajas de los dos sistemas?

–Hay una regla económica que dice: a mayor ganancia mayor riesgo; a menor riesgo menor ganancia. Es lógico: si hubiera algo de gran ganancia y poco riesgo, todos lo harían y la ganancia bajaría hasta desaparecer. En cambio en la realidad, hay que elegir: sacrificar una cosa o la otra. Por supuesto que es necesario mirar tanto "adentro" (el costo) como "afuera" (el mercado), pero de última hay que saber cuál indicador va a primar cuando no coincidan ambos.

–¿Qué sucede si el que compra quiere que sea de una manera, y el que vende, que sea de la otra?

–Es que en definitiva no depende de qué quieren hacer sino de cuánto poder económico tenga cada uno[5]. Cuando el poder económico de los que venden (oferta) y el de los que compran (demanda) es más o menos parejo, y más aún cuando prima la demanda, funciona (dentro de las limitaciones de que hablamos ayer cuando subíamos al Frey) el mecanismo del mercado. En cambio cuando el poder se inclina significativamente para el lado de la oferta, prima lo que algunos llaman el *mecanismo del planeamiento*, o sea el sistema en el cual el precio resulta de una acción planificada por la empresa oferente.

–Oyéndote parecería que hay dos mundos.

–No es tan así: en realidad no se trata de dos sectores opuestos sin nada en el medio, sino de dos extremos que te definí en forma tan absoluta sólo por ser más claro, pero que simplemente marcan los dos casos límite.

146

–Dame un ejemplo de esos casos límite, así lo veo más claro.

–Tomemos primero el extremo de mercado. Al comienzo de nuestra estadía en Bariloche vivimos en la casita que alquilamos a una familia de Buenos Aires. El precio que pedían los dueños y el precio que ofrecimos nosotros más o menos respondían a lo que se venía anunciando en los diarios para similares comodidades y ubicación. La propuesta nuestra era más por el lado bajo y la de ellos más por el lado alto, pero ninguno fuera de lo razonable que marcaba el mercado, pues de otro modo ambos hubiéramos perdido el tiempo. Dentro de ese rango negociamos y nos pusimos de acuerdo. Que el precio convenido estuviera más cerca de la propuesta de ellos o de la nuestra dependió de si nosotros en ese momento teníamos más ganas (o necesidad) de alquilar que ellos, o al revés. En contraste, veamos un caso de precio planificado. Esas amigas tuyas que fueron a un hotel de Bariloche no negociaron ningún precio ni llegaron a ningún consenso: el gerente del hotel calculó los precios de las habitaciones en función de los gastos previstos y del grado de ocupación que estimó iba a tener, más la ganancia que los dueños esperaban de su inversión, y ese es el precio que tus amigas tuvieron que pagar. Si no les gustaba, tenían todo el derecho del mundo de irse a otro lado, pero ni soñar con discutir el precio.

–¿No hay tarifas aprobadas por la Secretaría de Turismo?

–Sí, pero para el ejemplo hice de cuenta que no las hubiera, y de todos modos dudo de que sirvan para algo. Si el gobierno fijara las tarifas de los hoteles, probablemente no resultarían muy distintas de los precios que pondrían ellos: si fueran más bajas, pronto no habría más hoteles; y si fueran más altas, estaríamos peor que antes.

–¿**Entonces en un caso manda el mercado, o sea nosotros, y en el otro manda la oferta, es decir ellos?**

–La respuesta es "sí, pero". En el primer caso, el de la paridad de fuerzas, que como vimos algunos llaman *sector de mercado*, en principio mandamos los consumidores, pero dentro de las múltiples limitaciones que dijimos ayer. En el segundo caso, el de las empresas fuertes o líderes, que como vimos algunos llaman *sector de planeamiento*, en principio mandan esas empresas, que tratan de cumplir sus metas. Pero esas metas no sólo incluyen el precio que a ellos les conviene, sino también el volumen que les conviene, vale decir la cantidad de bienes o servicios que quieren vender a ese precio. O sea que de nada les sirve un buen precio si no les compran o si les compran menos que lo que calcularon cuando hicieron sus bonitos planes. Entonces puede llegar un momento en que aun los hoteles de más categoría, si calcularon sus precios muy alto, se queden sin gente, y tendrán que bajarlos. Así que ya ves que, de algún modo, seguimos influyendo.

–**Pero menos.**

–Cierto, pero menos. Sobre todo cuando son bienes que queremos tener sí o sí, o cuando los oferentes son pocos. En definitiva, es una cuestión de poder de mercado. Por ejemplo, para comprar un coche te vas a encontrar con un precio de fábrica, que difícilmente puedas discutir con Mr. Ford o quien lo haya sucedido en la presidencia, mucho menos con los cientos de miles de accionistas que legalmente son los dueños, y ni siquiera con los gerentes de la planta en Pacheco. Lo que sí podrías discutir son una serie de condiciones que en realidad modifican el precio: formas de pago, valor de la unidad usada que vas a entregar, elementos opcionales, etc., porque esos aspectos pueden estar en alguna medida a criterio de la agencia que hayas elegido, y agencias hay muchas. Entonces el precio básico está planificado y las demás condiciones se pueden negociar competitivamente.

–Bueno, eso es una ventaja.
–O no. El mercado es el mercado: si hay más coches que compradores, el agenciero te convidará con un whisky y quizás hasta te mande flores a tu casa; si hay más compradores que coches, capaz que le tengas que llevar la botella de whisky y las flores al agenciero para que te tenga en cuenta.

–¿Eso significa que cuando hay escasez se puede tratar al cliente de cualquier manera?
–Sólo cuando uno es como ese empresario que recién mencionamos, que no ve más allá de sus narices. El que piensa un poco en el mañana –y la esencia de la empresa es su permanencia en el tiempo, incluso más allá de la vida de su dueño o dueños– se dará cuenta de que en algún momento se puede dar vuelta la tortilla, y que la gente tiene buena memoria. Uno de los bienes más preciados que puede tener una empresa es el concepto que tengan sus clientes acerca de su corrección y apoyo en las buenas y en las malas. Son los malos empresarios –incluso malos para sus propios intereses– los que creen que las "avivadas" rinden.

–¿Qué hacen los "buenos" empresarios?
–Los "buenos" –que en este contexto (no en todos) tiene el sentido de los que tienen capacidad para manejar bien sus empresas– tratarán por todos los medios lícitos de asegurarse de que aquellos planes de precio-volumen se cumplan lo mejor posible. Ante todo, procurarán "conquistar" al cliente cada día: actuando con corrección, entregando con la calidad prometida en la fecha acordada, en una palabra: no tratándolo "de cualquier manera". Además, intentarán pronosticar con la mayor aproximación

que puedan la cantidad que estiman vender, o sea el volumen, y la llamada elasticidad al precio, es decir cuánto más podrían vender si bajaran el precio y cuánto menos venderían si lo subieran. Más allá de eso, procurarán mejorar esa relación con publicidad y demás esfuerzos de venta. O sea, no sólo se adaptarán al contexto sino que intentarán influir sobre él.

–¿Está mal?
–A mi juicio no, siempre que no mientan. En muchos países hay normas muy estrictas para impedir que en la publicidad se afirmen cosas que no son ciertas[6]. Con esa condición, todo lo que sea limpia lucha competitiva –limpia en el sentido de no querer deshacerse de la competencia por medios ilegítimos– para mí está bien.

–Me quedó bastante claro. Pero, en definitiva, ¿qué relación hay entre el precio a que se llegó por el mercado y el que surgió de los costos?
–Eso depende de si verdaderamente funciona o no el mecanismo competitivo o de mercado del que hablamos cuando veníamos caminando por el filo. Pero además tenemos que distinguir entre el corto y el largo plazo. A la corta, o sea en cada instante, no tiene por qué haber ninguna relación. En otras palabras, no hay ninguna garantía de que el precio al que se llegue evaluando la oferta y la demanda sea igual al que se hubiera fijado en base a los costos más la ganancia que se esperaba obtener. Una cosa es la ganancia esperada y otra cosa es la ganancia que efectivamente permite el mercado. Sólo por casualidad coincidirán. Pero a la larga, cuando hay verdadera competencia, las dos formas de llegar al precio, o dicho de otro modo, la ganancia esperada y la ganancia real, tenderán a coincidir, siempre y cuando funcione lo que hablamos ayer.

–Aunque repitamos alguna cosa, volvamos a los chocolates del Frey, pues no entiendo muy bien cómo en definitiva se juntan los dos caminos en el largo plazo. De paso, se entera nuestro amigo cordobés.

–Primero, supongamos que el refugiero se encuentre con que el precio que estamos dispuestos a pagar por su chocolate es inferior al costo de comprarlo y subirlo al refugio: baja el precio, y por un día o dos no pasa nada. Pero si durante meses vende a pérdida, se va a fundir, a menos que encuentre la forma de comprar o traer chocolate en forma más económica. Ahora, como caso contrario, imaginemos que ponga un precio sumamente elevado, más allá del costo y de una razonable ganancia; ¿qué va a pasar? La gente quiere chocolate, pero no está dispuesta a pagar semejante diferencia tan arbitraria, así que se traerá chocolate de abajo. Encontrar chocolate aquí arriba sin tener que haberlo subido vale algo, pero no cualquier cosa. Así que más allá de cierto límite, el refugiero perderá el negocio y también se fundirá.

–¿Segundo?

–Otra cosa que puede pasar es que, viendo semejante diferencia y apreciando que siempre será preferible comprar el chocolate aquí arriba y no traerlo, algún otro intente instalarse y hacerle la competencia. Ese segundo oferente se contentará con una ganancia menos exagerada, con tal de tomar el negocio del otro. Entonces habrá una puja de precios hacia abajo, que terminará cuando esos precios se aproximen al costo que ambos oferentes tienen y al porcentaje de ganancia que los dos consideren más o menos razonable. O sea que lo que en definitiva compite no son los dos precios sino los dos costos. En resumen, es la acción o el peligro de acción de los competidores, y más todavía el de los propios compradores que pueden elegir su proveedor, cuando no eliminar o sustituir el bien, lo que a la larga hará que el precio de mercado se asemeje al precio que surge de adicionar al costo una ganancia razonable.

–¿Por qué "más todavía"?
–Porque los que venden pueden promover sus intereses compitiendo o, por el contrario, coaligándose: poniendo el precio en común[7]. En cambio los que compran, para defender sus intereses, siempre van a estar por la competencia.

–En definitiva, ¿estás diciendo que a la larga no puede haber ganancias extraordinarias?
–Lo que digo es que, en principio, cuando el precio vía costo es muy diferente del precio vía mercado, significa que hay una ganancia no razonable, y no tardará en aparecer un competidor o varios –salvo que haya alguna imposibilidad o dificultad grande de poner otro negocio, eso que llaman *barrera de entrada*– o la gente dejará de comprar el producto y se arreglará de otra manera.

–¿Por qué otra vez "en principio"?
–Porque la teoría dice que las únicas "ganancias extraordinarias" que podrían (y deberían) existir, son las generadas por la anticipación del empresario que detecta demandas que otros no han visto, la innovación que le hace crear productos, y la rapidez con que los lleva al mercado antes que los competidores puedan imitarlo.

–¿Es sólo teoría?
–De ningún modo. De que eso ocurre no hay duda alguna, y lo prueban los millonarios de la informática, que levantaron imperios de la nada con su creatividad y rapidez. Lo "teórico" y no tan real es que esa forma sea la "única" que permita ganancias extraordinarias. Sospecho que

entre nosotros –y en otros lados también– hay modos de enriquecimiento que tienen que ver menos con la innovación que con "tener amigos", con apostar al "caballo del comisario" y con las mil formas lamentables de vincular los negocios con el poder.

–Ayer vimos que, aun sin inflación, el sistema competitivo tiene una multitud de problemas. Traté de explicarle a Marcelo de qué depende que funcione mejor o peor, pero vas a tener que repetírselo.

–En primer lugar, depende de la facilidad con que pueden aparecer otros proveedores de la misma cosa. Ya viste que en el caso de los chocolates vendidos en el refugio, hay una seria restricción: no es fácil que se instale otro refugio; no sería lógico, habiendo tantas montañas sin refugio alguno, que en este lugar hubiera dos. Tampoco es fácil que además del refugio hubiera un kiosco o negocio, pues hacer una construcción y atenderla a 6 horas de caminata desde la carretera es muy complicado. En este caso, el peligro real para el oferente no es el competidor, sino que nosotros dejemos de consumir chocolate. Esa posibilidad de "privación", o sea de no comprar en el refugio, es muy real. Primero, porque no es algo esencial: si fuera extremadamente caro nos quedaríamos sin comer chocolate y a otra cosa. Y segundo, que es de fácil transporte: si realmente queremos chocolate y ya sabemos que aquí es muy caro, lo podemos traer desde abajo. Pero ¿qué pasaría si estuviéramos hablando de vino en lugar de chocolate? Es bastante más difícil de trasladar: yo no metería dos pesadas botellas en la mochila, que pesan más con cada hora de caminata, y que pueden romperse. Así que, en ese caso, la prima que estaría dispuesto a pagar para que otro las suba es mayor. Sin embargo, puedo estar sin vino de igual modo que sin chocolate. Pero hablemos del pan. Tener pan fresco para el desayuno realmente es casi imprescindible.

153

–¿Entonces el refugiero hará cálculos especiales para cada uno de esos casos?

–En Bariloche podría ser, pero no creo que el refugiero tenga posibilidad, ni ganas, de hacer una serie de cálculos individuales para las distintas cosas que vende.

–¿Y si se le va la mano?

–Si se le va la mano en los precios, pueden pasar dos cosas: que todos vengan totalmente provistos para no comprar nada acá, o directamente que dejen de venir a este lugar. Esto último a su vez depende de lo que pase con los otros refugios: si este fuera el único al que se le fue la mano con los precios, evidentemente perderá su clientela, pero no cambiará las costumbres de los que suben. En cambio si en todos los refugios pasara lo mismo, la gente se acostumbrará a subir con todo, o subirán solamente los que puedan pagar precios muy altos y todos los mochileros, estudiantes, etc., dejarán de venir.

–¿Es así como funciona la economía en general?

–Más o menos, pero se tiene que dar, entre otras, una de las condiciones que mencionamos ayer: la llamada *visibilidad del mercado*. Recién dije que para traer cosas de abajo, porque aquí serían demasiado caras, tendríamos que saberlo de antemano. Pero si nadie nos avisa, llegamos sin nada y nos clavamos.

–Pero fuera de la montaña la gente en general no camina 6 horas para comprar algo.

–Cierto, pero no se trata sólo de tener fácil acceso a los distintos negocios, sino también a la información.

–¿Eso no ocurre?

–En nuestro país ocurre cada vez más, pero aún hay pocos sistemas informativos y bancos de datos sobre precios comparativos: se está avanzando aceleradamente en esto, sobre todo gracias a Internet. En algunos casos es peor, cuando subsiste el flagelo de la inflación, que nosotros conocemos tan bien.

–¿Qué tiene que ver la inflación?
–Tiene que ver con que el precio que puedo averiguar hoy, dentro de tres días habrá cambiado, entonces la visibilidad, en el sentido de buena información sobre precios comparativos, desaparece o se hace más confusa: ya no tendré la tranquilidad –ni tampoco la información comparable sobre la misma base– como para tomar una decisión y hacer lo que me conviene. Como mientras busco el mejor precio, este seguirá subiendo, empiezo a tener menos interés en esa comparación y lo que más me preocupa es cerrar la operación rápido. Pero eso es fatal para el sistema: cuando uno deja de preocuparse por esas comparaciones, todo el sistema de precios competitivos se cae estrepitosamente. Como todo círculo vicioso, nada se resuelve lamentándose de que la solución no sea fácil.

–¿Cómo se solucionan los círculos viciosos?
–Hay dos métodos: o el corte drástico en algún lado, o bien tomar el problema en su conjunto y actuar sobre todas sus facetas al mismo tiempo, sin preocuparse de cuál factor viene primero y cuál después.

–¿Cuál es preferible?
–Si fuera inevitable elegir, yo me inclinaría por el segundo, pero depende de cada caso.

–Mientras tanto, ¿qué se hace con los precios?
–Cuando existe inflación, suele presentarse un problema adicional. Dijimos que una de las formas de llegar al precio era partir del costo y adicionarle una ganancia

razonable. ¿Pero el costo de cuándo? Supongamos que el precio de los chocolates en Bariloche aumenta cada mes. Si el refugiero vende los chocolates al costo de su última compra más su ganancia, va a perder plata y se va a fundir.

—¿Puede saber con seguridad cuál será el costo de reposición?

—Depende, pues hay varios costos de reposición. El "costo de reposición al día de venta" es lo que me cuesta reponer lo que vendo en el momento en que lo vendo. Eso, si tuviera medios de comunicación –cosa que el refugiero aquí no tiene– lo podría averiguar, como lo puede averiguar la oficina de compras de una empresa mediana o grande. El "costo de reposición al día de reposición efectiva" es lo que me va a costar cuando efectivamente lo reponga, que rara vez es justo el día en que vendí. Ahí me puede pasar que al vender aún no sepa cuánto me va a costar reponer, así que lo tengo que estimar. Lo mismo me pasa con el "costo de reposición desde el punto de vista financiero": cuánto me costará lo que hoy vendo, cuando tenga los fondos para volver a comprarlo. Vale decir, cuando el que me compra algo hoy me lo pague y yo con esa plata pueda reponer la mercadería.

—Eso complica las cosas.

—Sí, complica y encarece, porque insensiblemente la gente trata de cubrirse de los posibles errores y de asegurarse contra el peor de los casos.

—Si todos hacen eso, los precios subirán aún más.

—Exacto. Lamentablemente, es una de las formas en que la inflación se realimenta. Cada uno está pensando en que el futuro será peor de lo que es razonable suponer, y al final las suposiciones de todos terminan por hacerlo realidad.

–¿Qué remedio hay para eso?

–Hoy, los empresarios razonan con un poco más de precisión y no hacen burdas exageraciones hacia arriba. Prefieren incurrir en el riesgo de equivocarse y no en el de cubrirse tanto que su mercadería quede fuera de precio. Esos empresarios serán más competitivos y otros tendrán que hacer lo mismo para no perder mercado.

–Ya vimos que eso no siempre funciona.

–Siempre habrá áreas de la economía en las que esto no funcione.

–¿Por ejemplo?

–Por ejemplo en los casos donde no hay alternativa. Lo que llaman *insumos inelásticos*. Es lo que pasa con la leche: para una alimentación equilibrada, sobre todo para la alimentación infantil, es un elemento indispensable. De modo que la decisión de comprar o no comprar prácticamente no existe. Lo único que queda es comprar a uno o a otro, o elegir entre distintos tipos de leche. Si hay verdadera competencia, funcionará el sistema de precios, pero si los proveedores se ponen de acuerdo, entonces el sistema no va a funcionar.

–¿Qué se podría hacer en ese caso?

–Fundamentalmente, procurar que cese la circunstancia que permitió en primer lugar que la competencia no funcione. Si hay un solo oferente, porque se requiere una gran inversión o porque entrar en ese ramo implica un gran riesgo, a veces se justifican medidas promocionales para hacer que otros oferentes entren al ruedo. Normalmente eso debería pasar de todos modos, sin necesidad de promover nada, porque si la actividad es buena, algún otro entrará. Pero hay circunstancias, principalmente en sitios muy alejados, lugares inhóspitos que tienen todo en contra, que no tienen infraestructura ni fácil comunicación con los centros de consumo, donde el empresario no va porque tiene otros lugares sin esos problemas. Si no se hace nada, esos lugares apartados están condenados a sufrir el monopolio o la escasez, ¡y adiós a la descentralización que debería ser la meta! Por eso, cuando hablamos de promoción, casi siempre estamos hablando de terminar de ocupar económicamente nuestro vasto territorio, o sea de geopolítica.

–¿Hay alguna otra cosa que se pueda hacer?
–Sí. Además de la promoción para que haya nuevos oferentes, se puede subsidiar directamente un producto, a través de su oferta o de su demanda.

–¿No dicen que el subsidio es malo?
–Hay mucho de verdad en eso, porque los subsidios se prestan a las manipulaciones y a los asuntos turbios. Por eso los subsidios tienen que ser *genéricos, explícitos, excepcionales* y, sobre todo, *cortos.*

–¿Qué quieren decir esas cuatro cosas?
–Genérico significa que cualquiera que esté en determinada situación es automáticamente acreedor al subsidio, no que se subsidie a Fulano, y a Mengano no, porque entonces todo se reduce a ser amigo del ministro. Explícito significa que si resulta necesario establecer un subsidio, es preferible que sea abierto, con todas las letras, y no implícito, a escondidas. Excepcional significa que lo normal es que no haya subsidio, y que si lo hay es por una razón contundente, pues si se subsidia todo no se subsidia nada. Y corto significa que no deben ser ventajas para siempre, sino un puntapié inicial, una ayuda temporaria hasta que el proyecto crezca: como el sostén gratuito que damos a un hijo menor de edad, pero no cuando ya es un grandulón.

De ahí la calificación de apoyo "infantil", único aceptable a mi juicio.

–¿En qué casos conviene una promoción más permanente?
–En casos donde esté involucrada una política social que no pueda ser satisfecha de otro modo más eficaz.

–¿Por ejemplo?
–Un ejemplo de antigua y hermosa tradición argentina es la copa de leche. ¿Oíste hablar de ella?

–Sí, pero nunca la relacioné con promoción o subsidio.
–Pues es una típica promoción (algunos lo llamarían subsidio, aunque yo nunca usaría ese término para algo que puede ser permanente). Además, hoy ya no es sólo leche. Una cooperadora escolar o autoridad educacional se hace cargo de todo o de la mayor parte del costo de alimentar una vez por día a chicos de escasos recursos en una escuela primaria o del ciclo básico, de modo que estos no pagan nada o sólo una fracción del costo. Eso significa que ese alimento, en vez de pagarlo el que lo consume, lo pagamos todos nosotros. Los chicos están mejor alimentados y además tienen un aliciente que los hace ir a la escuela, que en muchos lugares es el impulso inicial que asegura su concurrencia. Así que creo que nadie puede objetar que deba estar pagando para evitar la desnutrición infantil. Pero si mañana se estableciera un subsidio para otros rubros, a mí no me causaría ninguna gracia tener que estar pagando lo que consume otro.

–¿No sería lo mismo que pusieran precios máximos a la leche?
–No sólo no sería lo mismo, sino que sería exactamente lo contrario.

–**¿Por qué?**

–Porque la promoción y el subsidio, bien diseñados y controlados, dan ganas de producir, y en cambio los precios máximos dan ganas de no producir. A nadie le gusta vender a 10 lo que le cuesta 15. Al poco tiempo habrá precios baratos, pero no mercadería.

–Todo eso lo entiendo, pero ¿no te da bronca cuando te cobran un precio excesivo, que parece que te están tomando el pelo?

–Sí, da bronca, sobre todo cuando es uno el que tiene que pagarlo. Pero lo que te digo es que debe ser una bronca adulta, no una bronca infantil. La bronca infantil es gritar: "Papi, me están cobrando demasiado". O sea buscar ayuda arriba, en el Estado, para que reglamente de alguna manera la cosa y nos resuelva el problema. La bronca adulta es decir: "Un momentito, esto no puede ser. ¿Necesito realmente esta cosa? ¿No lo puedo embromar al que me cobra demasiado, no comprándole? ¿No le puedo comprar a otro? ¿No lo puedo reemplazar por otra cosa? ¿Y si yo mismo lo hiciera? ¿Y si me junto con otros para aumentar mi poder de compra?". De esa actitud, de esa bronca adulta, nació el movimiento cooperativo, que es una de las cosas más interesantes de la economía moderna. Tras una declinación, sobre todo por haberse desvirtuado en muchos casos totalmente sus objetivos, en algunos países es como si se hubiera puesto nuevamente de moda.

–**¿Qué es una cooperativa?**[8]

–Es una asociación de personas que se unen no para enriquecerse, sino para defender sus derechos o su economía mediante la unión. O sea, comprando en común (cooperativas de consumo), vendiendo en común (cooperativas de distribución), construyendo sus casas en común (cooperativas de vivienda), etcétera. Es un movimiento mundial en el que la solidaridad de las personas reemplaza a los grandes capitales. Las más tradicionales se han desarrollado tanto, que hoy en día son enormes empresas, en algunos casos –¡no en todos!– excelentemente administradas[9].

–¡Ya sé: formemos una cooperativa de consumidores de chocolate en los refugios!
–¡Excelente idea!

Tras esta brillante conclusión reiniciamos la marcha, ganando altura poco a poco, a medida que nos aproximamos al primer morro que baja del cerro Brecha Negra. Mientras ascendemos hacia el filo que comunica ese cerro con el Tres Reyes, la subida se hace más empinada y fatigosa, ya que nuevamente nos encontramos con un pedrero muy suelto. Sin embargo, toda esta ascensión desde el valle hasta el filo es inolvidable: ya al subir a la primera colina aparece detrás de nosotros la punta de la majestuosa Torre Principal del Catedral, que con cada paso que damos nos muestra más de su esplendor, cual excitante strip-tease de plena calle Corrientes. Con cada metro que subimos se van agregando las otras agujas del Catedral, primero tímidas, luego mostrando toda su esbelta silueta. Cuando ya cerca del pedrero final culmina el strip-tease del conjunto, la altura nos permite apreciar en toda su magnitud la impresionante pared dorsal de cada una de las agudas puntas del cerro Catedral. Llegados al filo, hacemos un alto para tomar aire y apreciar el vasto paisaje en derredor: a la derecha, todo el profundo valle del arroyo Casa de Piedra; atrás, el vasto macizo del cerro Bella Vista, con su característica terminación en forma de mesa con incrustaciones de marmórea nieve; enfrente, los conos nevados que coronan la Laguna de los Témpanos, no lejos del refugio a donde nos dirigimos; a la izquierda, las cúspides que bordean el paso Schweitzer, que alguna vez conoceremos cuando vayamos del lago Jakob al lago Mascardi; y detrás de nosotros, el conjunto del cerro Catedral.

Aprovecho el descanso para preguntar si quedó alguna duda sobre el tema precios.

–¿Puede ser que alguien fije precios altos a propósito?
–Lo de "precios altos" no es muy preciso, pues no se sabe con respecto a qué serían altos. Pero creo entenderte: si alguien fija precios bastante más allá del límite donde comienza violentamente a perder clientela. Y la respuesta es sí.

–¿Por ejemplo?
–Por ejemplo, un club muy exclusivo va a fijar cuotas de ingreso y mensuales suficientemente altas para que los miembros tengan un determinado nivel de ingresos. Tal vez en función de los costos, y en función de la ganancia esperada por el club, la cuota podría ser menor. Pero no lo hacen para que no deje de ser exclusivo. Esta es otra función del precio: como distribuidor de bienes escasos.

–¿No habría que prohibir ese tipo de cosas?
–No veo por qué. Por mi parte, yo prefiero que las diferencias se hagan no por la plata o por el status, sino por la simpatía y la calidad de la persona. Pero hay otros que piensan distinto, y no tengo por qué imponerles mi forma de ser. Al contrario: prefiero que tengan su propio club, pues no me siento cómodo con gente que sólo piensa en marcar los desniveles de clase. Tampoco me siento cómodo con los clasistas del otro lado, que quieren eliminar las canchas de tenis porque consideran que sirven a una actividad elitista, y que todos deberían jugar al fútbol.

–Sin embargo, me parece que las cosas muy exclusivas aumentan la desigualdad.
–A mí no me gusta la desigualdad ni el igualitarismo a ultranza. En realidad, comparto tu preocupación, pero

con una salvedad: el club exclusivo no causa la desigualdad sino que es la manifestación de ella. Si queremos disminuir la brecha entre los más ricos y los más pobres −objetivo esencial de una sociedad más justa y equilibrada− tenemos que manejarnos con los impuestos y demás instrumentos de lo que se llama *política de ingresos*. Pero si se nos va la mano, llegamos al "todo es igual": a nadie le importa nada, porque todos tienen exactamente la misma porción de lo mucho o poco que hay. Y cuando se llega a ese extremo, queda muy poco. Por añadidura, cuando leas algo de sociología vas a ver que los agrupamientos sociales, como mecanismo de diferenciación social, son inherentes a cualquier comunidad, de cualquier signo que sea, te guste o no.

−Entonces una vez que la gente ganó...
−Una vez que alguien ganó lo que le tocó en una sociedad no igualitaria pero razonablemente justa, que haga con su ganancia lo que quiera, o sea lo que considere más importante para él, frente a una estructura de precios que le permite elegir. Si en pos de la igualdad se habilita a un funcionario para dictaminar qué corresponde y qué no, casi siempre resultará la mayor desigualdad de todas: un nuevo burócrata omnipotente que terminará yendo a un club más exclusivo que el que ha eliminado.

−¿No quedan desprotegidos los débiles?
−En realidad hay algo de eso. Pero es un poco como en la naturaleza: si, por afán de igualar todo, se protege mucho a los débiles contra los fuertes, al final se tendrá un pueblo de débiles.

−¿Entonces debemos quedarnos con la ley de la selva?
−De ningún modo, hay que proteger a los débiles y limitar a los fuertes, justamente para no tener la ley de la

selva. Pero no nos podemos exceder en eso, porque si lo hacemos, anulamos totalmente ese sentido de lucha y de riesgo y convertimos al país en un enorme asilo, donde todo está protegido y donde nadie se esfuerza.

–Ese camino intermedio no parece fácil.
–No, no es nada fácil y de ninguna manera resuelve todos los problemas. Pero los demás caminos son mucho peores, así que me quedo con este, el del mecanismo de los precios.

Y hablando de caminos no fáciles, aún nos quedaba una sorpresa. Desde el filo del cerro Brecha Negra nos parecía que estábamos a un paso del refugio, que veíamos cerca, pero como pasa con frecuencia, el último tramo se nos hizo largo. Primero bajamos por un interminable pedrero que se va encajonando en el lecho seco de un arroyo, luego seguimos saltando de piedra en piedra entre una tupida vegetación de ñires, para finalmente caer en un mallín donde la senda quedó sumergida bajo agua y fango. Terminamos chapoteando en el barro y hundiéndonos hasta las rodillas, hasta llegar por fin al arroyo, del otro lado del cual corre la picada normal, que habíamos visto nítidamente desde arriba. Entre el mallín y el río, unos cordobeses simpatiquísimos habían instalado sus carpas y nos convidaron con unos mates ("que no tienen precio", dije a mi hija a modo de cierre del tema). Tras tan reparador alto, cruzamos el río y en un santiamén estuvimos en el refugio Gral. San Martín.

CAPÍTULO 6

LOS MAPAS DE LAS ORGANIZACIONES

6.1. Donde nos ubicamos en tiempo y lugar, y nos introducimos en el tema de los mapas

Qué mejor, después de un comienzo de rafting y de cuatro caminatas hacia refugios de montaña, que culminar la excursión con el súmmum, en belleza y en altura, de toda la zona del Nahuel Huapi: el cerro Tronador. Así que nos encaminamos al paraje conocido como Pampa Linda, pernoctamos en la tan amigable hostería del mismo nombre, y al día siguiente subimos por la picada del "mallín chileno" al viejo Refugio Tronador (el que luego lo reemplazaría, el querido Refugio Meiling que visitamos varias veces en épocas posteriores, en la década de los '50 aún no existía).

Gracias a los largos días del verano patagónico (y a que habíamos comenzado la caminata muy temprano) llegamos con luz al refugio. El sol se ponía más allá de los picos nevados chilenos, iluminando para nuestro deleite con reflejos rosados, de este lado de la cordillera, dos de las tres puntas de la montaña: el Pico Internacional (que tapa al tercero: el Pico Chileno) y el Pico Argentino, nuestra meta.

Era la hora de preparar las mochilas. Todo debía quedar listo esa noche, pues saldríamos al día siguiente, a las cuatro de la madrugada, a fin de llegar a la zona llamada Depresión, que separa los picos Argentino e Internacional, antes de que el sol comenzara a ablandar la nieve y nos enterráramos hasta las rodillas en la caminata de aproximación.

Aprovechamos el lento atardecer, delante del precario refugio, especie de estrecha pero acogedora cucha de perro en forma de media caña de chapa canaleta apoyada sobre la roca al borde del hielo, para esta última charla y para cargar solamente lo indispensable: antiparras, guantes, gorro pasamontañas, silbato para emergencias, crema para sol y para labios, bolsita con chocolate, nueces y pasas (¡salvadora previsión!), piqueta y grampones para caminar sobre hielo, jarrito para agua de deshielo y la inevitable máquina de fotos. El guía se ocuparía de la soga, algunos clavos para hielo y un martillo.

La ascensión al pico Argentino siempre ha sido de gran exigencia, y cambios recientes en el hielo la hicieron más riesgosa aún. Salvo que se trate de escaladores experimentados, jamás se puede subir ni andar por las laderas de hielo sin un guía autorizado por el Club Andino de la zona. Las dos cosas más traicioneras en montaña son, en roca, las piedras sueltas, y en hielo, todo, aunque sea en planicie. El problema (además de las avalanchas) son las grietas. Abiertas, son el espectáculo más hermoso que se pueda imaginar, con coloraciones azules que salen de las profundidades. Tapadas, son una trampa mortal para cualquier novato.

Para la ascensión éramos 4 amigos: mi hija y yo, 2 compañeros de montañismo de toda la vida, mi hija y yo, y teníamos un guía de lujo, Carlitos Sonntag, que ya nos había "entrenado" para andar por laderas empinadas en las inmediaciones del Refugio López, que era algo así como su hogar.

Con él habíamos estudiado (no porque él lo necesitara) los mapas de nuestras tres etapas: el camino de coches a Pampa Linda, la picada al llamado "refugio viejo" o Refugio Tronador, y la ruta de ascensión al Pico Argentino. Y vino, duda lógica, la pregunta de mi hija:

–¿Para qué necesitábamos los mapas si teníamos el guía?
–Como siempre, buena pregunta. Primero te contesto desde lo general: porque a veces no tenemos al guía. Acordate, aquella vez que quisimos ir al Refugio Frei desde el lago Gutiérrez, lo importante que fue mirar el mapa para

saber de qué lado del arroyo Van Titter teníamos que ir. Si nos equivocábamos de ribera, más arriba nos encontraríamos con un río encajonado difícil de cruzar.

–¿Y cuando hay guía, como ahora?
–A nosotros nos sirvió para algo muy importante: para compartir información. No basta con que el guía, o el más experto de nosotros, sepa el camino: es esencial que todos participen del conocimiento, que todos compartan la responsabilidad de seguir el rumbo y puedan dar el alerta si nos desviamos. De ese modo, se consolida el grupo.

–¿Para algo más?
–Sí, lo principal: para planificar.

–¿Cómo es eso?
–Cuando aquel año quisimos llegar desde Villa La Angostura al refugio del cerro Dormilón (antes de que se quemara), bordeando los –para nosotros– desconocidos brazos Rincón y Última Esperanza del lago Nahuel Huapi, debimos mirar el mapa para calcular cuánta comida debíamos llevar.

–¿Y salió bien?
–En realidad, no. Tras dos días de marcha, comenzó a llover torrencialmente, quedamos varados tres días en el extremo norte del lago, y cuando vimos que después de esa demora no nos alcanzarían los víveres, tuvimos que volver.

–Entonces, mirar el mapa no les sirvió.
–Al contrario: sirve cuando se sigue la ruta del mapa y sirve cuando hay que desviarse porque cambiaron las circunstancias. Al decidir regresar, la diferencia entre el tiempo planeado, mapa en mano, y la realidad, nos sirvió para tomar la decisión adecuada.

–¿Sirven para algo más los mapas?

–Sí, al guía, para organizar la excursión. A él por lo general no le hace falta mirarlo, lo tiene en la cabeza. Pero ese mapa mental le resultará esencial para organizar la marcha, para calibrar el ritmo de la excursión, para no exigirnos a nosotros más de lo que podemos dar, y para tener una visión de conjunto que evalúe cada estado actual del grupo con respecto a lo que aún falte andar (¡incluido el regreso!).

6.2. Donde dejamos la introducción y entramos en lo nuestro

–Ahora, la pregunta inevitable en estas caminatas: ¿hay algo así como mapas en las organizaciones?

–Ciertamente, enfatizando el "algo así como". A mi entender, en el ámbito organizacional pueden utilizarse mayormente tres tipos o, mejor, tres familias de mapas, pese a que ninguno responde al diseño territorial de los que estuvimos hablando.

–¿Cuáles son?

–Te los explicaré en este orden: mapas causales, mapas de flujo y mapas de estructura, con variantes en cada familia.

6.3. Donde hablamos de los mapas causales

–¿Cuáles son los mapas causales? ¿Para qué sirven?

–Son mapas, diagramas o circuitos que grafican causas y efectos. Para concentrarnos en el enfoque de estas charlas, toda organización se desenvuelve dentro de una problemática en la cual surgen peligros pero también oportunidades, y encara ambas con sus fortalezas mientras trata de superar sus debilidades. Cada uno de esos aspectos tiene causas (y causas de causas), así como consecuencias (y consecuencias de consecuencias).

–¿**Estás hablando del esquema "FODA": Fortalezas - Oportunidades - Debilidades - Amenazas?**[1]

–No exactamente. El llamado "FODA" es un esquema excelente: en su versión "2 x 3" es, a mi juicio, la mejor herramienta de planeamiento[2] que conozco. Pero no refleja causas y efectos: de dónde vienen los peligros, de dónde surgen las oportunidades, cuáles son las razones de las debilidades, ni tampoco cuáles pueden ser las consecuencias de las reacciones de la empresa (o la ausencia de ellas). Para eso tenés que "mapear" con flechas: la causa A (en conjunción con la B, C, etc.) produce, provoca, causa, influye, afecta, aumenta o disminuye el efecto M (en conjunción con N, O, etc.).

–¿**Ese mapa siempre se refiere al funcionamiento y a las perspectivas de una organización en su totalidad?**

–De ningún modo. Según cuál sea su objetivo y diseño, podemos distinguir entre dos variedades en esta "familia": (a) puede referirse a cualquier serie de variables interrelacionadas por conexiones de causa-efecto, en una situación cuyo sujeto puede ser desde una persona hasta un país, pero sin especificar de qué modo funciona tal interrelación, en cuyo caso hablamos de "mapas conceptuales"[3] (con lo cual empalmamos con nuestra nomenclatura aquí); o bien (b) agregando, para situaciones más concretas o específicas, la índole (signo) de tal conexión, entonces hablamos de "circuitos causales"[4] propiamente dichos, con lo cual podemos seguir el curso de las sucesivas "causaciones" y –al cerrarse el circuito– observar la realimentación que se produce.

–¿**Qué forma tendrían esos mapas?**

–En el Anexo II te muestro un ejemplo de *mapa conceptual.* Se trata del clásico "ciclo administrativo": *Decidir - Implantar - Ejecutar - Controlar.* Observarás que (salvo la flecha del tiempo) no hay flechas, solamente líneas que conectan la lógica de ciertas acciones. Significa que, al menos en este caso, si bien hay cierta "dirección típica" donde Decidir viene antes de Implantar, esto antes de Ejecutar[5], y después de esto Controlar, tal dirección no es determinante: puede invertirse, saltar etapas, etc. La realidad se parece más al *mess*, al "lío" que siempre mencionaba Ackoff, que a una sucesión lineal ordenada: es lo que nos enseña Henry Mintzberg en todas sus obras.

–¿Hay otros casos?
–En efecto, muchos mapas conceptuales están "direccionados" pues siempre hay una influencia, digamos de A hacia M, aunque puede ser recíproca. Pero, además de marcar influencia, puede pasar también que A "genere" a M, o que "haga posible" a M, o que "aumente la probabilidad" de que M exista[6]. De todos modos, siempre hay que tener cuidado de no caer en la trampa de representar en forma lineal algo mucho más complejo.

–¿Qué pasó con el otro "pariente" de la familia?
–En el Anexo III te muestro dos (casi tres) ejemplos de *circuito causal*. En este caso, lo esencial son precisamente las flechas que unen los dos extremos de una relación causal, digamos nuevamente A y M, en el sentido de que A "influye" sobre M.

–¿Qué significa "influye" aquí?
–Significa que A tiene sobre M una influencia en el *mismo* sentido (cuando aumenta A, aumenta M; cuando disminuye A, disminuye M), en cuyo caso la flecha estará marcada "s" por "similar" (o "+", por "positivo"), o bien la influencia será en sentido *contrario* (cuando A aumenta, M disminuye; cuando A disminuye, M aumenta), en cuyo caso estará marcada "o", por "opuesto" (o "–", por "negativo")[7].

–¿**Qué nos dicen estos gráficos?**
–El de la derecha es el típico caso de algo bueno que al incrementarse deja de ser bueno. La satisfacción de la clientela por nuestro producto aumenta la demanda, pero al acercarse esta al límite de nuestra capacidad, incrementa nuestros tiempos de entrega, lo cual, cuando es percibido por la clientela, disminuye su satisfacción. Funciona como un freno: disminuye los desvíos. Por eso le ponemos una B de "balancea" y lo llamamos "realimentación negativa".

–¿**Y el de la izquierda?**
–Eso responde a uno de los aspectos más dramáticos de la socioeconomía[8]: baja la rentabilidad, y la empresa reacciona despidiendo gente, lo cual disminuye la confianza y la moral de los empleados que quedan, lo cual disminuye la productividad, lo cual disminuye aún más la rentabilidad. Funciona como un acelerador: aumenta los desvíos, el típico círculo vicioso (o virtuoso, si lo que aumenta nos parece positivo). Por eso le ponemos una R de "refuerza" y lo llamamos "realimentación positiva".

–**Decías que había "casi" tres ejemplos.**
–Porque al mismo tiempo puede haber una vinculación contraria. En este segundo caso, al producirse (o seguir) los despidos, mejora (vuelve a haber) rentabilidad, con lo cual ya no hace falta seguir con los despidos. Significa que, con una fuerza que desequilibra (R), coexiste otra en dirección contraria, que equilibra (B).

–**Está muy mal que a esa cuestión tan dramática de los despidos la llamen** *realimentación positiva.*
–Tenés razón, a mí también siempre me resultó chocante. Pero considerá que son términos matemáticos y, por lo tanto, ni "buenos" ni "malos". De ahí que el citado Etzioni, en una conferencia en la SASE[9] a la que pude asistir, dio

como ejemplo de esta realimentación (y de la relación entre lo económico y lo social) su propia experiencia espantosa cuando por un tiempo fue un desocupado.

–Cuando no hay ese factor equilibrante, ¿la realimentación positiva crece *ad infinitum*?
–Buen punto, que desvela a más de uno, incluyéndome. Nuestro maestro Charles François[10] da muchos ejemplos en sus cursos en el GESI, sobre todo uno muy dramático: el cáncer, que de no ser detenido a tiempo, crece y crece hasta matar al huésped y con él morir él mismo. En las organizaciones, el caso más común es la detención del crecimiento (y a veces la "muerte") que sobreviene cuando se acaba un insumo vital.

–¿Algún ejemplo?
–Uno clásico, aunque no de una organización, sino de las dos potencias enfrentadas en la guerra fría: más gastaban los Estados Unidos en armamentos y en la carrera espacial, más lo hacía la Unión Soviética, más reaccionaban aquellos aumentando sus gastos, más lo hacía esta, hasta que a uno de los dos (la Unión Soviética) se le acabaron los recursos y "quebró". ¡Cuanta pobreza en el mundo se podría haber evitado (por no hablar de otras cosas terribles) de no haber existido esa lucha!

–¿Por qué en esta primera familia uno de los mapas se llama "circuito"?
Porque para la Dinámica de Sistemas (DS), importante rama de la Sistémica que nació contemporáneamente con el Pensamiento Sistémico[11], tanto los circuitos causales como su realimentación (cuando el efecto, directamente o a través de etapas, influye sobre la causa que lo generó) constituyen las piedras básicas de toda su estructura conceptual. De ahí que para la DS, las sucesivas "influencias" terminan

conformando un circuito que en alguna etapa de su curso se cierra.

–**Entendido. Incluso percibo cierta "belleza formal" en esos circuitos, y puedo imaginarme que son muy útiles a la hora de resolver problemas concretos**[12].

–¡Bravo!

6.4. Donde hablamos de los mapas de flujo

–Seguramente me querrás preguntar acerca de la segunda opción.

–**Sin duda. Sobre todo si aún nos queda tiempo, mientras terminamos de preparar todo para la escalada.**

–La segunda familia de mapas, los de flujo, de algún modo también se refiere a causas y consecuencias, pero esta vez en forma de "entradas y salidas" o, con mayor precisión, ingresos y egresos[13].

–**¿Qué entra y qué sale?**

–Todo, básicamente clasificable en sus elementos esenciales: materia, energía e información.

–**¿Cómo qué?**

–En una empresa, por ejemplo, entran y salen personas, desde el cadete hasta el presidente, fundamentalmente en cuanto al trabajo que realizan cada día, producto de su esfuerzo, talento, aprendizaje y experiencia; entra trabajo encargado a otros y sale trabajo brindado a otros; en una empresa fabril entran materias primas, materiales y componentes y salen productos elaborados; en una empresa comercial entran y salen bienes de reventa; en todas entra energía, en distintas formas; finalmente (es un decir) entran y salen toda clase de datos, información y conocimiento.

–¿**Siempre son "cosas" que entran o salen de una entidad como empresa, ONG, repartición pública, etc.?**

–Para nada. Igual que los circuitos causales o los mapas conceptuales, puede tratarse de conceptos, fenómenos, situaciones de la naturaleza (por ejemplo, cantidad de peces en una zona pesquera), población humana en determinado territorio, etc. En general, se trata de aspectos cuantificables, pues esta herramienta es mayormente cuantitativa.

–¡**Para temas complejos va a ser imposible hacer un mapa de todo eso!**

–Tenés toda la razón. El mapa del cual te estoy hablando, por fuerza tendrá que referirse a una cuestión en particular y mostrar tan sólo el flujo de entradas y salidas relevantes para esa cuestión. Te mostraré un ejemplo sencillo en el Anexo IV.

–¿**De qué se trata?**

–Es el clásico caso de una empresa que produce a pedido, como un astillero, una constructora de edificios o un contratista de obras públicas. Pasa mucho tiempo entre la "venta" (en el sentido de Marketing) y la "venta" (en el sentido de la Contabilidad: la entrega de la cosa). Entonces toda la atención (por el futuro) está puesta en el stock de pedidos en cartera, que se alimenta de los pedidos entrantes y se "desalimenta" de los pedidos despachados (en todo o en parte).

–¿**Eso de referirse a una cuestión específica no va contra lo que siempre decís, que todo está interrelacionado?**

–La observación es justa, pero tenés que recordar también que al "todo tiene que ver con todo" siempre le agrego la noción de "foco". Igual que cuando usás tu máquina de fotos, "enfocás" lo que te interesa, sin que por eso deje de existir ni dejes de considerar todo lo que está alrededor. Incluso puede aparecer en la foto, pero con menor nitidez.

–¿Qué pasa si lo que entra no es lo mismo que sale?

–Nunca es lo mismo: no tendría sentido ni coincidiría en el tiempo.

–¿Qué quiere decir?

–Por un lado, que en la gran mayoría de los casos hay un proceso de transformación –objetivo de todo el proceso– por el cual lo que sale no es igual a lo que entró: se enriqueció mediante una combinación de todas aquellas cosas que entraron y constituyeron los "factores e insumos de la producción". Por otro lado, ese proceso casi siempre demora, y aun cuando no hubiera transformación, los tiempos (y a veces los lugares) serán distintos: las camisetas para revender que recibís hoy, recién saldrán pasado mañana... o dentro de 6 meses.

–¿Eso complica el mapa?

–Para nada: es el stock que conocés bien, la existencia de bienes que entraron y aún no salieron, la diferencia entre entradas y salidas en cierto momento, que las empresas registran en el documento llamado *inventario*, o el stock de pedidos ingresados y aún no cumplidos del ejemplo.

–¿Así que el mapa no muestra solamente flujos?

–Así es: flujos y stocks. Y aún tenés que agregar muchas veces dos elementos: ciertos ratios que representan la velocidad, intensidad o eficacia con que lo que entra se transforma, y ciertas demoras entre lo que entra o sale en una etapa y entra o sale en la siguiente.

–¿Cuánto detalle va a mostrar el mapa acerca del proceso de transformación?

–Muy bueno que hayas planteado esa pregunta, pues nos estábamos olvidando de dos variantes que aparecen en estos mapas de flujo: por un lado, están los que muestran el ciclo completo, generalmente con especial énfasis en el proceso de transformación, y por otro lado los que, por el contrario, observan con detenimiento tan sólo lo que entra y lo que sale, mientras tratan el proceso de transformación como una "caja negra", en el sentido de que no es ese el objeto de la observación.

–Yo siempre me fijaría muy bien en lo que pasa dentro de esa caja.

–Te comprendo, y no estás sola. Uno de los más grandes sistémicos[14] estudió con detenimiento lo que sucede "ahí adentro" y distinguió dos casos: (a) lo que llamó *máquina trivial*, en la que el proceso de transformación está determinado, de modo que conociendo lo que entra se sabe lo que va a salir; y (b) lo que pasa en prácticamente todos los sistemas sociales: la *máquina no trivial*, en la que el proceso de transformación no está totalmente determinado, y donde por lo tanto la salida nunca es enteramente predecible. Es cuando "el mismo proceso de transformación se transforma".

–¿Es un concepto nuevo?

–Tanto como nuevo, no; no es un invento de nuestra época, pero sí es relativamente nuevo reconocer su enorme importancia: es uno de los principales puntos de inflexión en nuestra manera de pensar y de interpretar la realidad que nos ha sacado del enfoque mecanicista y llevado al enfoque sistémico.

–¿Entonces para qué sirve "dejar a oscuras" lo de la "caja negra"?

–Es nuevamente una cuestión de foco. Podés enfocar un sistema estudiando su funcionamiento, pero también podés concentrarte en lo que entra y en lo que sale, lo cual te muestra concretamente el resultado de ese funcionamiento. Es como observar una fábrica con "la ñata contra el vidrio", como dice el tango, apreciando lo que pasa adentro, o dar unos pasos atrás y verla como un todo, registrando tan sólo sus insumos y productos. Ver el proceso o ver el producto (el resultado) de tal proceso. O si querés un símil adecuado a nuestra excursión: podés filmar cada etapa de la escalada que emprenderemos enseguida, o tan sólo sacar la foto del maravilloso panorama que veremos desde la cima.

–¡**Hagamos ambas cosas!**
–Dale.

6.5. Donde iniciamos la ascensión y hablamos de los mapas de estructuras

A la madrugada del otro día –aún no había salido el sol– iniciamos la marcha, primero sobre una amplia planicie de nieve entre el glaciar Manso y el glaciar Río Blanco Grande, con unas vistas maravillosas hacia ambos. La nieve aún estaba dura, gracias a que comenzáramos tan temprano. Al rato, cambió el terreno: era la temida travesía sobre el glaciar Manso, bordeando profundas grietas azules de una belleza indescriptible pero también muy peligrosas para quien se acercara demasiado. Con un desnivel en subida cada vez más pronunciado, íbamos en fila india, encordados como es de absoluto rigor en esa zona, para evitar que alguien caiga en las mentadas grietas tapadas y que todos logren usar las mismas huellas del guía, que por cierto esta vez tenía el tranco largo. Nunca olvidaré el esfuerzo que eso era para mis piernas cortas, ni el trabajoso y cansador avance de todos, hasta de mi hija, la más joven del grupo, que se lo pasó diciendo "¿Por qué tendré yo que hacer esto? Rita Hayworth nunca subió a ningún cerro, lo que no le impidió ser famosa".

A la derecha, quedaba el llamado Filo de la Vieja, cuyo extremo sur habíamos debido vencer, y mucho más al norte el Filo de la Motte, al que años después iríamos para cualquier ascensión desde el nuevo Refugio Meiling. Finalmente llegamos a la Depresión, lugar algo más plano al pie de las cimas, entre el pico Internacional y el Argentino, sitio obligado de descanso antes de ascender a cualquiera de ellos. Allí, tras preparar y gustar de una magnífica "copa Tronador" (nieve, chocolate, nueces y pasas, nuestro previsor tesoro) reiniciamos la charla.

–Estábamos por acometer la tercera "familia" de mapas.
–Cierto. Son los que llamo *mapas de estructuras*, quizás los de mayor parecido con los mapas de territorios o mapas de verdad con los que nos habíamos introducido al tema.

–¿Por qué?
–Por dos razones: (a) porque –al igual que esos mapas de verdad– ayudan a que cada uno sepa dónde está parado; y (b) porque señalan rutas: de autoridad, de información, de reporte y de rendición de cuentas.

–¿Estás hablando del organigrama?
Exacto, pero no del clásico esquema piramidal tan habitual, sino de sus dos versiones más adecuadas a las actuales necesidades de las organizaciones: el mapa desde la óptica cibernética y el mapa desde la óptica sistémica.

6.6. Donde, en el descanso de la Depresión, hablamos del mapa cibernético

–Ante todo: ¿qué es eso de cibernética?
–El que introdujo ese término griego en el mundo moderno fue Norbert Wiener, y lo definió como "la ciencia de la comunicación y el control en el animal y en la máquina" (también descrita como "la teoría del mando y de la comunicación"), apoyándose en ideas del filósofo Leibniz. El origen etimológico se halla en Platón, que utilizó el término

equivalente a timonel en el sentido de "el arte de conducir hombres"[15].

–No entiendo.
–No sos la única. Te confieso que para mí fue una de las nociones más difíciles de entender y de aceptar.

–¿Por qué?
–Porque cuando observaba su moderno campo de aplicación, la llamada *cibernética organizacional*, la veía tan cercana al management –la dirección y administración de organizaciones–, que me costaba distinguirlas.

–¿Cómo resolviste ese intríngulis?
–Gracias a dos grandes cibernetistas y sistémicos amigos, Markus Schwaninger de la Universidad de St. Gallen (Suiza) y José Pérez Ríos de la Universidad de Valladolid (España)[16], que me hicieron ver que son la misma cosa: conducción, comunicación y control (en mi nomenclatura), pero que una, la cibernética, es "la ciencia", mientras la otra, el management, es "la profesión".

–Clarísimo. Y ahora volvamos al mapa cibernético. ¿Todos lo llaman así?
–En realidad, nadie. Su creador, Stafford Beer[17] lo llama *metodología de sistemas viables* (*Viable Systems Methodology*) o VSM y ciertamente es mucho más que un mapa: es toda una filosofía sobre cómo hay que conducir y controlar una organización para que sea viable.

–¿Entonces por qué no lo llamás como todos?
–Tengo dos respuestas, a ver cuál te gusta más. Una, más simple: porque en esta charla todos son mapas. Otra, más de fondo: siempre me pareció que mantener el nombre original daba de algún modo idea de que esa metodología

garantizaba por sí sola que el sistema fuera viable, cuando a mi juicio sólo era condición que favorece mucho que lo sea, pero no es suficiente.

–¿Cómo sería ese mapa cibernético?
–Te lo muestro en el Anexo v. Consiste básicamente en seis sistemas[18], sus relaciones internas y sus vinculaciones con el contexto, más toda la riqueza conceptual que te mencioné antes.

–¿Cuáles son esos sistemas?
–Ante todo, para que no te confundas cuando leas la bibliografía de vsm que te mencioné antes, te daré una tabla de equivalencias entre la nomenclatura que usó Stafford Beer y las "etiquetas" que uso en mi trabajo (y también aquí) para empalmar con mi práctica usual en Planeamiento de organizaciones[19], las cuales encontré que facilitan su aplicación.
Sistema 1 = Sistema operativo propiamente dicho
Sistema 2 = Sistema de coordinación operativa
Sistema 3 = Sistema de dirección operativa
Sistema 3 bis = Sistema de inteligencia
Sistema 4 = Sistema de dirección estratégica
Sistema 5 = Sistema de dirección normativa

–¿Cómo son esos sistemas, a ver si yo también logro incorporarlos a lo que sé de planeamiento?
–Muy sintéticamente[20], y adicionándoles un mote personalizado según su función principal, te los describo ahora mismo.

El *sistema operativo propiamente dicho* es el **productor**, responsable de producir y entregar (al mercado, a la comunidad, etc.) los bienes o servicios que la organización genera. Está integrado por tantas unidades operativas elementales como líneas de actividad, producto, etc. haya.

El *sistema de coordinación operativa* es el **facilitador**, responsable de lograr un funcionamiento armónico del sistema operativo, mediante mecanismos tales como programación de la producción, sistemas de información operativa, control de gestión, procedimientos contables de costos y de control de inventarios, políticas de personal, etc.

El *sistema de dirección operativa* es el **conductor**, responsable del funcionamiento de la organización en el día a día, en el aquí y ahora, mediante la optimización del sistema operativo, aunque (salvo casos especiales) sin intervenir directamente en las funciones respectivas.

El *sistema de inteligencia* es el **conector**[21], responsable de obtener y transmitir información no rutinaria que afecta a la totalidad de la operación (que ni productor ni facilitador pueden proporcionar) mediante mecanismos tales como auditorías de calidad o contables, estudios de ingeniería industrial, investigación operativa, etc.

El *sistema de dirección estratégica* es el **estratega**, responsable de ocuparse de mantener o cambiar el rumbo en función del presente, del futuro y del contexto de la organización, mediante herramientas tales como planeamiento estratégico, técnica de escenarios, estudios de prospectiva, método Delphi, modelos de simulación, etc.

El *sistema de dirección normativa* es el **patrón**[22] (o su representante), la máxima autoridad de la organización y, como tal, el único con capacidad para regular entre lo operativo y lo estratégico y entre el presente y el futuro, mediante el establecimiento de la visión, de la misión y de los objetivos estratégicos de la organización.

–Me gustan esas imágenes personalizadas de productor, facilitador, conductor, conector, estratega y patrón, aun cuando me doy cuenta de que son todos actores colectivos. Pero debe de haber algo más que esos actores.

–Efectivamente: además, hay canales de comunicación entre ellos, negociación por recursos, sistemas de alerta temprana y varios otros vínculos, que constituyen toda una red integrada. De particular interés son los diversos canales (flechas) que comunican las distintas partes (sistemas) de la organización con diferentes partes (aspectos) del contexto (allí llamado *entorno*).

–¿Por qué le das especial importancia?
–Porque en esas conexiones se producen procesos (a mi entender, uno de los principales aportes de Stafford Beer) a través de dos mecanismos: los *atenuadores* y los *amplificadores* de variedad (que aquí equivale a complejidad). En palabras de José Pérez Ríos[23]: "Los primeros seleccionan, entre la inmensa variedad existente en el entorno, aquella que el relevante para nuestra organización, entendiendo por tal la relacionada con aspectos a los que el sistema (la organización) deberá hacer frente para mantener su viabilidad (…). A diferencia de los 'Atenuadores', que reducen la variedad, los mecanismos 'Amplificadores' nos van a permitir amplificar la capacidad de la organización (…) frente al entorno…". Fíjate que en épocas de crisis es más importante que nunca ampliar la variedad de lo que hace una empresa, para fortalecer sus posibilidades de reacción frente a los cambios.

–¿Hay alguna clave que promueva que esos seis sistemas conformen una organización viable?
–Muy bien empleada la palabra "clave". Considero que la clave está en el carácter recursivo, tipo fractal[24], de todos esos sistemas que integran la organización.

–¿Qué quiere decir?
–Que cada uno de los sistemas que integran un sistema más grande reproduce en su interior la estructura del todo.

Por ejemplo, cada unidad productiva del "sistema operativo propiamente dicho" replica la estructura de dicho sistema operativo, mientras que este, a su vez, replica la estructura de los seis sistemas de la organización toda. O sea que todo sistema, para ser viable, debe contener partes (subsistemas) que a su vez sean viables, y al mismo tiempo debe formar parte de un sistema mayor (suprasistema) que también sea viable, y así sucesivamente.

–Medio complicadito esto de la viabilidad de las sucesivas muñecas rusas.

–Es la respuesta compleja a un problema complejo: el gobierno de organizaciones complejas. Stafford Beer y sus continuadores[25] lo aplicaron a grandes organizaciones e incluso a países. El caso más notable fue el trabajo personal de Beer y su equipo brindado a Chile en la época del presidente Allende, desgraciadamente trunco cuando el régimen, y Allende mismo, cayeron por un nefasto golpe militar.

–Recuerdo que era una época aciaga en casi todo el continente. Volviendo a la metodología de Stafford Beer: ¿es más bien aplicable a organizaciones grandes y complejas?

–Estimo que sí, aunque puede haber casos excepcionales de organizaciones no grandes pero complejas, o bien no complejas pero grandes, donde también haga falta. Para las demás tengo otra solución, pero la vamos a conversar más adelante, pues el descanso terminó y ahora viene la escalada en serio.

6.7. Donde hacemos el penúltimo esfuerzo, luego el último descanso y hablamos del mapa sistémico

Ahora comenzaba la verdadera escalada en hielo, así que nos tocó acostumbrarnos a caminar en declive cada vez más pronunciado con los grampones de diez puntas debajo de los zapatos, y utilizar cada vez más cada uno su piqueta. Desde que salimos del refugio íbamos por supuesto en cordada, vínculo vital que ya alguna vez hemos descrito como perfecta imagen de lo que es un sistema[26]. Lentamente ascendíamos por laderas empinadas, que a nosotros nos parecían casi verticales, y pronto comenzamos a oír encima de nuestras cabezas a nuestro guía haciendo con su piqueta rudimentarios escalones de hielo para nuestras manos y pies. Era la zona sobre la que, mapa en mano, habían conversado los guías en el refugio, pues cada año cambiaba su helada conformación y por consiguiente su nivel de dificultad. Un largo de soga más, un esfuerzo más, y llegamos al col, lugar de nuestro último descanso. Por suerte no soplaba viento, así que pudimos retomar la charla.

–Te queda la segunda variante de la tercera familia de mapas.

–Efectivamente, y es el mapa que más me atrae cuando trabajo con empresarios de tamaño normal, que sin ser enormes imperios, tienen visión de futuro y aprendieron a pensar sistémicamente[27]. Para mí, es el verdadero organigrama que todas las organizaciones (salvo las muy grandes y complejas) deberían estar usando.

–Bueno, volvimos al famoso organigrama. Por fin tendremos entonces un verdadero mapa, que nos marque los caminos de la información, de la acción y del mando, quién reporta a quién y cómo son los vínculos en el interior de la empresa.

–Muy bien descrito. Pero si te referís (por lo de "famoso") al organigrama clásico, nunca me dio la impresión de revelar adecuadamente lo que vos decís. Veo siempre una pirámide jerárquica, autoritaria, vertical, que no muestra vínculos horizontales, pese a que son abundantes (o deberían serlo). Y percibo su origen militar: muestra fundamentalmente quién manda a quién, pero muy poco más. Cuando no es ese el estilo que aconsejo para una organización civil (que es casi siempre el caso que me toca), nunca utilizo esa versión clásica.

–¿Qué usás, entonces?
–Promuevo en todos lados el *mapa sistémico*, el organigrama interactivo que me enseñó uno de mis maestros, Jamshid Gharajedaghi[28].

–¿Cómo es ese mapa?
–Se basa en que en una organización bien interrelacionada, es decir que aspira a funcionar como un sistema integrado[29], las funciones no se vinculan según quién manda sino de acuerdo con *quién ayuda a quién*. Como te podés imaginar, esto da un fuerte mensaje de cohesión, de trabajo en equipo, de todos para todos.

–¿Cómo sería el diseño?
–Básicamente, circular, redondo, como se muestra en el Anexo VI. Arriba, igual que en el clásico, la *Conducción*, para la cual postulo[30] tres niveles: el *Normativo* (*Consejo Consultivo*), que asegura la identidad y los valores de la organización, el *Estratégico* (*Comité de Dirección*), que establece las estrategias y conduce la organización, y el *Operativo* (*Oficina Ejecutiva*) que asegura que las estrategias sean implementadas y logren sus resultados. Por supuesto, con gran interrelación, incluso con al menos una persona en dos de los niveles, algunos de los cuales en una PYME pueden ser unipersonales.

–¿Y abajo?
–No abajo, sino al costado, tradicionalmente a la izquierda, van las *Unidades de soporte*, que sirven a todos los que lo requieren: Tesorería/Finanzas, Recursos Humanos/ Personal/

Capacitación, Contabilidad/Administración/Costos, Sistemas Informáticos, Aprovisionamiento/Compras y todas las demás que hagan falta, con las denominaciones, agregados, subdivisiones y combinaciones que se necesiten en cada caso.

–Me encanta. Así aparecen mucho más disponibles para todos, no como fines en sí mismos.
–Luego, en la parte de abajo, como sólida base de todo el emprendimiento, están las *Unidades productivas*, que generan los bienes o servicios de que se ocupa la organización: una unidad para cada tipo o familia de bienes que se produce, se entrega, o se produce y entrega, o servicio que se brinda.

–¿Y a la derecha?
–Ahí está *la mirada hacia el mercado*. Hay dos posibilidades: (a) cuando el Marketing es fundamental, allí están las unidades responsables de que aquellos bienes y servicios sean requeridos y aceptados por los clientes y que haya relaciones cada vez más fructíferas con ellos. En el otro caso, (b) cuando la fuerza competitiva viene más de adentro (tecnología, diseño, innovación) que de afuera (promoción de la demanda), hay más unidades de estudio y evaluación de necesidades y su anticipación. Lo más común es la combinación (c) = (a) + (b), y en todos los casos puede haber unidades por tipo de mercado (local, regional, nacional, internacional) o por países o regiones, o por tipos de clientes (minoristas, mayoristas, distribuidores, etc.), o por tipos de productos o servicios, o por combinaciones entre varios de ellos.

–¿Puede haber, fuera de esos cuatro lados, otros elementos en función de las características de cada organización?
–Ciertamente, y están en su mayoría en los ángulos inferiores. En el izquierdo suelen ubicarse, según las necesida-

des de cada caso, unidades complementarias relacionadas con algún aspecto clave del negocio: el área científica, de innovación o de tecnología, y en general toda unidad que genere y utilice conocimientos, así como el muy importante sistema de aprendizaje institucional ("la organización que aprende").

–¿Y en el otro ángulo?
–Abajo a la derecha se suelen ubicar unidades vinculadas con "relaciones exteriores" no referidas específicamente a determinados mercados ubicados más arriba, como ser el área de comunicaciones, política marcaria o de imagen, estudios o logística de exportación o demás aspectos generales de Marketing no cubiertos en cuanto a mercados determinados, o bien, según las necesidades, el apoyo a los productos en materia de diseño, de packaging, de logística, etc.

–¿Qué ejemplos me podés dar de todo eso, aplicados a una empresa en particular?[31]
–Ahí va, en el Anexo VII, un diseño para la subsidiaria argentina de una fábrica de insumos para otras industrias, líder mundial en su ramo, que realicé como consultor en un equipo integrado por otros dos consultores: Alberto Marcel (KPMG) y Rubén Ordóñez (entonces OBC). En esa ocasión, enseguida debajo del *Consejo Directivo* (acorde con la cultura de la organización y muy en consonancia con el modelo original de Gharajedaghi) propuse el *Consejo de Planeamiento* por un lado, y el *Sistema de Aprendizaje y Control* por el otro. Las seis *Unidades de Producción* tienen números en lugar de sus nombres verdaderos por motivos de confidencialidad.

–Supongo que, al igual que el organigrama cibernético de Stafford Beer, este, aunque más sencillo, se aplica fundamentalmente a organizaciones grandes.

–De ningún modo. Mi tercer ejemplo, en el Anexo VIII, es el de una típica empresa de tamaño mediano: el prestigioso laboratorio Hidalgo de análisis clínicos de la zona norte del Gran Buenos Aires, primero en cantidad de determinaciones en la provincia, y tercero en el país. De paso, muestra que el diseño es igualmente aplicable al sector servicios, no solamente a la fabricación de bienes. Es de destacar, de acuerdo con las particularidades de una actividad de alto nivel en el ramo salud, la significativa importancia de la parte científica, de la calidad, de la bioseguridad y –en este caso– de las relaciones externas, mayormente internacionales.

–En todos esos gráficos no se ven las líneas que vinculan a "todos con todos", que según lo que me dijiste era lo más importante del nuevo diseño.

–Lo que pasa es que, si pongo las líneas, son tantas que el cuadro se vuelve ininteligible. Pero te puedo presentar, en el Anexo IX, un caso neutro (o sea, sin indicar las funciones y manteniendo la cantidad de unidades en un mínimo), donde figuran esas líneas, que en los otros ejemplos están sobreentendidas.

–¿Hay alguna vinculación entre este diseño y algunas de las variables cuantitativas que vimos en otras charlas desde que llegamos a Bariloche?

–¡Qué bueno que hayas preguntado por esa posibilidad! Se puede "cuantificar" el diseño, aplicando a cada función el monto o el porcentaje con que contribuye a la facturación total, a través de lo que "cuesta" cada unidad. No tengo un ejemplo propio, pero te puedo mostrar, en el Anexo X, el ejemplo que discutimos con Gharajedaghi cuando estuvo en Buenos Aires[32]: las cifras presupuestadas (igualmente podrían ser las reales de algún período) de la empresa Carrier Corporation, desglosadas a lo largo de la cadena de valor.

–¡Qué notable! ¡Es un estado contable en forma de organigrama!

–Efectivamente: una combinación bien sistémica, que une estructura con resultados (reales o presupuestados). Asimismo, muestra una vez más –ahora, para una multinacional fabricante de productos de consumo– cómo el modelo básico va cambiando para adaptarse a las particularidades de cada caso.

–Me imagino que todo esto se aplica exclusivamente al sector privado, o sea a las empresas con fines de lucro.

–Enfáticamente, NO. Toda organización, inclusive las del sector social, y más aún las del sector público, podrían mejorar sustancialmente su funcionamiento –léase su cohesión, su comunicación[33] y su clima de colaboración– con este formato de organigrama sistémico, menos burocrático y más integrador. Hasta ahora no me lo han pedido. Si aparece, sea a nivel nacional, provincial o municipal, lo hacemos juntos.

–¡Dale!

6.8. Donde, tras el último largo de soga, llegamos a la cumbre y terminamos la charla

Desde el col hasta la cima era un trecho corto pero, si el anterior nos había parecido casi vertical, este nos antojó vertical del todo, y además en roca, así que nada de escalones. En cambio algunos tramos de soga fija nos daban seguridad. Dos enormes cóndores nos daban la bienvenida a su reino. Cuando faltaban no más de 40 metros para la cima, la verticalidad nos dio un respiro, y llegamos casi caminando a la cumbre.

Allí todo fue emoción: la alegría de la llegada, los abrazos entre cuatro amigos que lo seguirán siendo toda la vida, otro abrazo a nuestro querido Carlitos Sonntag que nos guió y –lo principal– nos

dio seguridad, la infaltable sesión de fotos y el indescriptible pano-
rama de un mar de picos y valles debajo de nosotros. A lo lejos, dis-
tinguíamos el característico cono del cerro Lanín y los volcanes chi-
lenos Osorno, Puntiagudo, Villarrica, Llaima y otros que no pudimos
identificar. En derredor podíamos atisbar la naciente de los siete
glaciares que descienden del Tronador: Peulla, Casa Pangue y Río
Blanco, del lado chileno; Frías, Alerce, Castaño Overa y Manso,
del argentino. Claramente se podían ver las azules aguas del lago
Fonck, en cuyas orillas tantas veces habíamos acampado y gozado
de la vista del majestuoso Tronador, cuya cima ahora estábamos
pisando. Un momento inolvidable.

Cuando nos cansamos de mirar en derredor y de admirar ese
increíble panorama, verdadero "mapa" de una extensa sección de
la cordillera de los Andes argentino-chilena, volvimos a los "mapas"
nuestros, en el último tramo de nuestra última charla.

–Antes, en otras excursiones, me habías hablado mucho
de modelos, y hoy me hablaste de mapas. ¿Son lo mismo?
–Como tantas veces, puede haber varias respuestas. Te
daré la mía, con la advertencia de que puede haber otras
igualmente razonables. Para mí un mapa es en principio
estático: muestra *cómo es* un problema, la estructura de una
organización o un territorio. En cambio, un modelo es esencialmente dinámico: muestra *cómo funciona* (en el tiempo)
un problema, una organización o una situación.

–Cuando decís "en principio" o "esencialmente" siem-
pre viene un "pero".
–Efectivamente. Desde la óptica sistémica, esos "en principio" y "esencialmente" se convierten en "mayormente".
Desde esa óptica, las tres familias de mapas de las que hablamos son también modelos. El que con mayor claridad lo
evidencia es la segunda, la de entradas y salidas: nada más
dinámico que el concepto de flujo. Pero también es el caso
del primero, el de causas y efectos, que continuamente se

realimentan: estos a aquellas (y viceversa), y pueden acelerarse, frenarse, desviarse, ramificarse, abrir nuevos caminos, etcétera.

–¿Pero también son mapas?
–Tal cual. Es como parar la película en un cuadro: hacés stop y la convertís en foto.

–La que más me parece foto, o sea más mapa, es la tercera familia, la de los dos organigramas.
–Tenés razón, y por ser –tanto desde lo cibernético como desde lo sistémico– la de mayor aporte original, es la que nos indujo a hablar de mapas en toda esta charla. Pero si mirás cualquier organigrama –estos dos o cualquier otro– es como pisar un hormiguero: lo que parecía quieto, estático, de pronto te aparece pleno de movimiento: las líneas se llenan de comunicaciones, de contactos, de acuerdos, de influencias, de acciones en común (y ¡tantas veces! de reacciones, de obstrucciones, de frenos). **El mapa de estructura se convirtió en modelo de funcionamiento**.

Y con este concepto integrador, que disolvió la aparente antinomia mapa-modelo que nos entretuvo un rato a unos 3.200 metros de altura, terminó nuestra charla y nuestro descanso en la cima. Era hora de bajar, pues ya no se veía la panorámica de múltiples lagos de la zona del Nahuel Huapi: de pronto aparecieron nubes a unos 1.000 metros debajo de nosotros y hasta algún que otro relámpago. Es fascinante ver formarse una tormenta mirando hacia abajo, mientras más arriba uno sigue gozando del cielo despejado y del sol radiante. Pero es mejor presenciar ese espectáculo desde el refugio y no en las alturas, así que emprendimos el regreso. Faltaba la bajada, pero queda para el próximo libro.

Anexo II

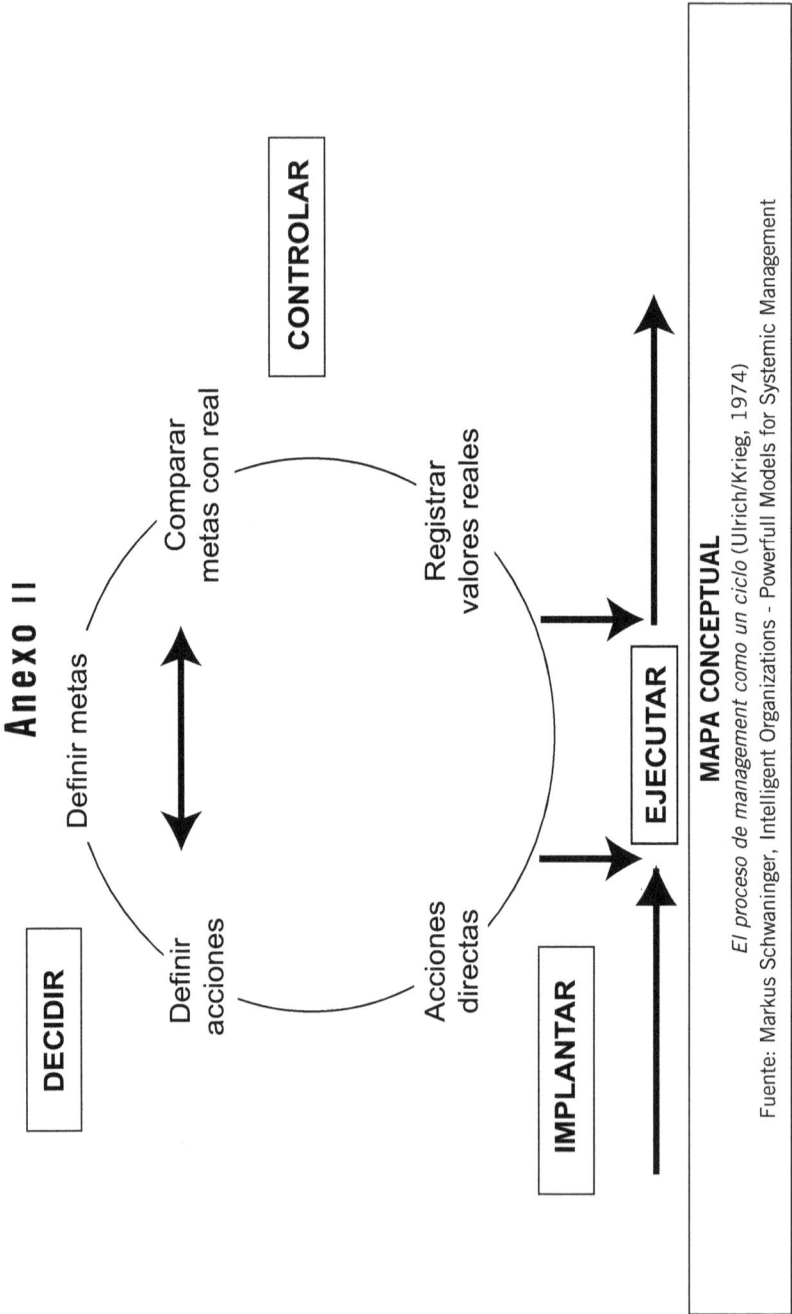

DECIDIR

Definir metas

Comparar
metas con real

CONTROLAR

Definir
acciones

Registrar
valores reales

Acciones
directas

IMPLANTAR

EJECUTAR

MAPA CONCEPTUAL

El proceso de management como un ciclo (Ulrich/Krieg, 1974)

Fuente: Markus Schwaninger, Intelligent Organizations - Powerfull Models for Systemic Management

Anexo III

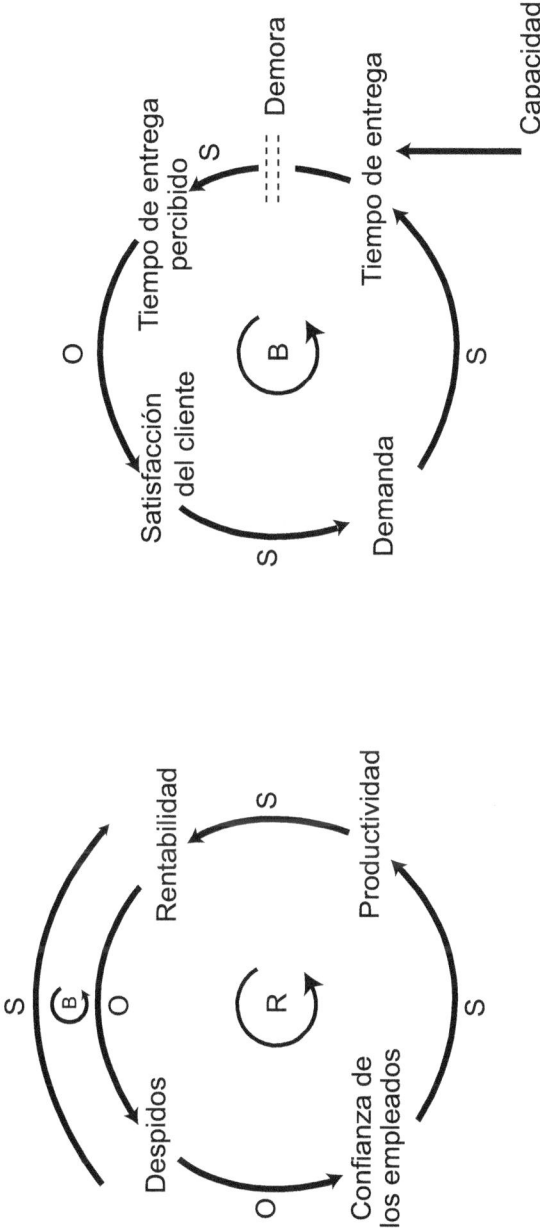

CIRCUITOS CAUSALES: REALIMENTACIÓN POSITIVA (R = REFUERZA) Y NEGATIVA (B = BALANCEA)

Fuente: J. Morecroft: Programa de pensamiento sistémico y modelado estratégico de la London Business School

Anexo IV

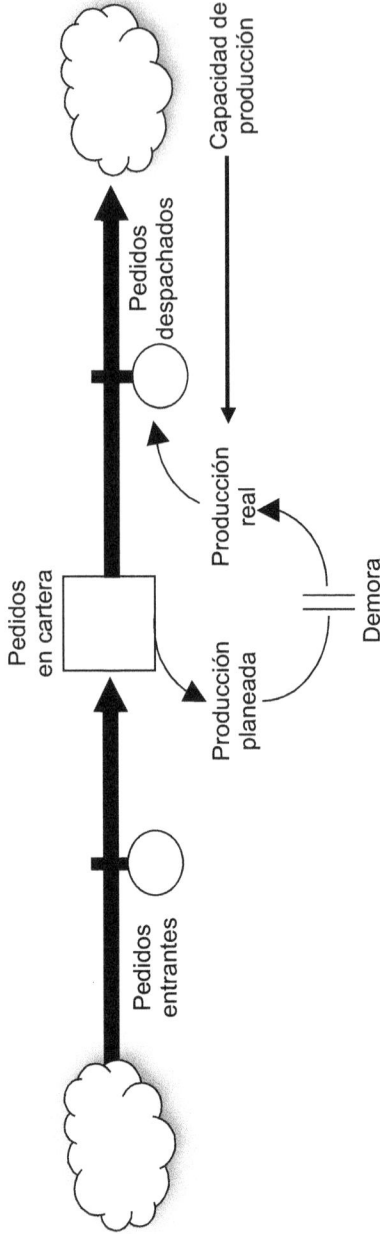

EJEMPLO ELEMENTAL DE MAPA DE FLUJO
Dinámica del stock de órdenes de una fábrica que produce a pedido
Fuente: diseño del autor
Basado en: *A Business User's Guide to Stella*, High Performance Systems, Hanover, USA, 1987

Anexo V

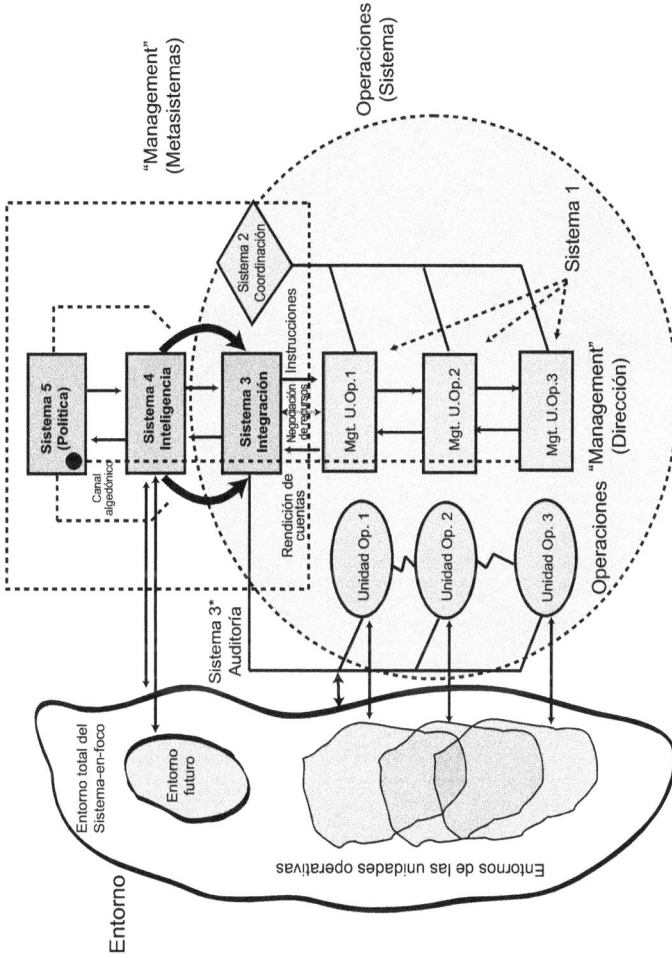

MODELO DE SISTEMA VIABLE - Adaptado a partir de Beer, 1985

Fuente: José Pérez Ríos: *Diseño y diagnóstico de organizaciones viables - Un enfoque sistémico* (Ed. del autor, Valladolid, 2008, págs. 55 y 101).

Anexo VI

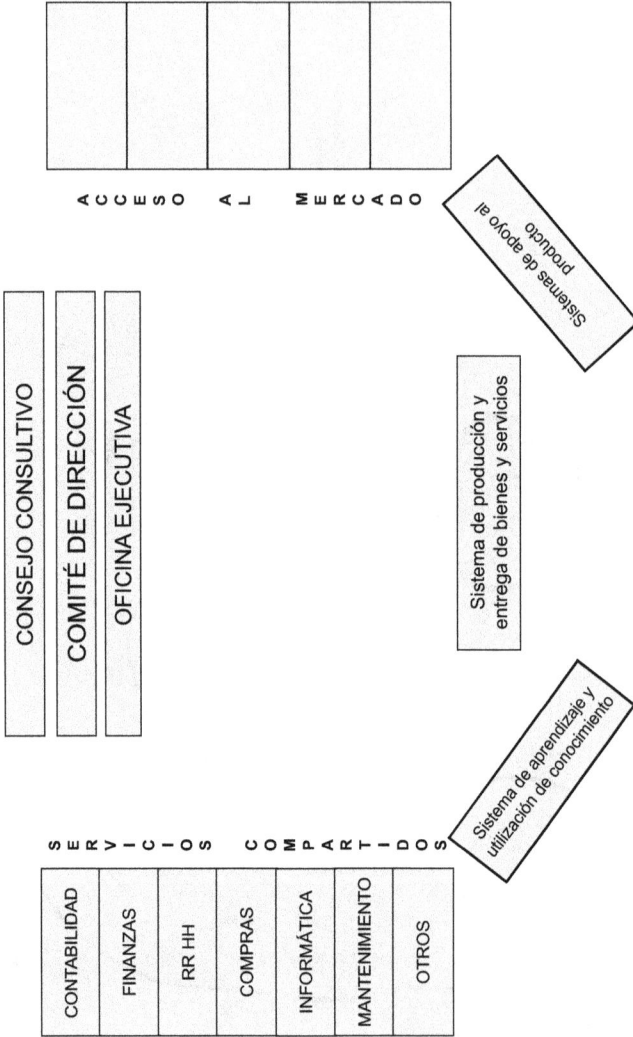

CONSEJO CONSULTIVO

COMITÉ DE DIRECCIÓN

OFICINA EJECUTIVA

ACCESO AL MERCADO

SERVICIOS COMPARTIDOS

CONTABILIDAD

FINANZAS

RR HH

COMPRAS

INFORMÁTICA

MANTENIMIENTO

OTROS

Sistemas de apoyo al producto

Sistema de producción y entrega de bienes y servicios

Sistema de aprendizaje y utilización de conocimiento

ORGANIGRAMA SISTÉMICO BÁSICO

Diseño del autor, inspirado en J. Gharajedaghi (Op. cit., en Anexo X)

Anexo VII

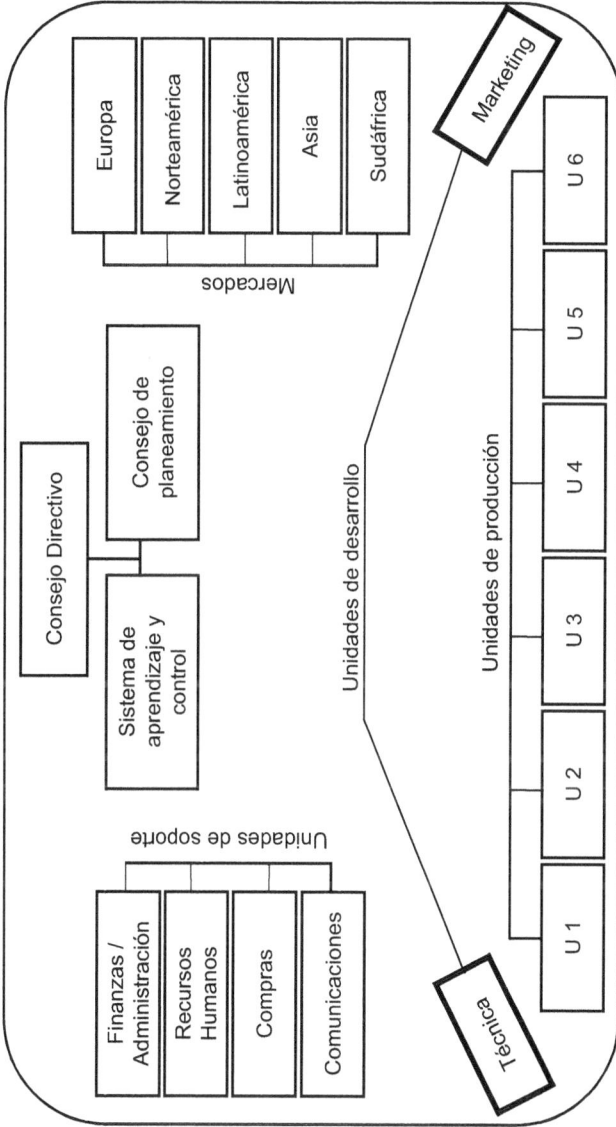

ORGANIGRAMA SISTÉMICO PARA UNA MULTINACIONAL
Diseño del autor

Consejo Directivo

Consejo de planeamiento

Sistema de aprendizaje y control

Unidades de soporte
- Finanzas / Administración
- Recursos Humanos
- Compras
- Comunicaciones

Mercados
- Europa
- Norteamérica
- Latinoamérica
- Asia
- Sudáfrica

Marketing

Técnica

Unidades de desarrollo

Unidades de producción
U 1 U 2 U 3 U 4 U 5 U 6

Anexo VIII

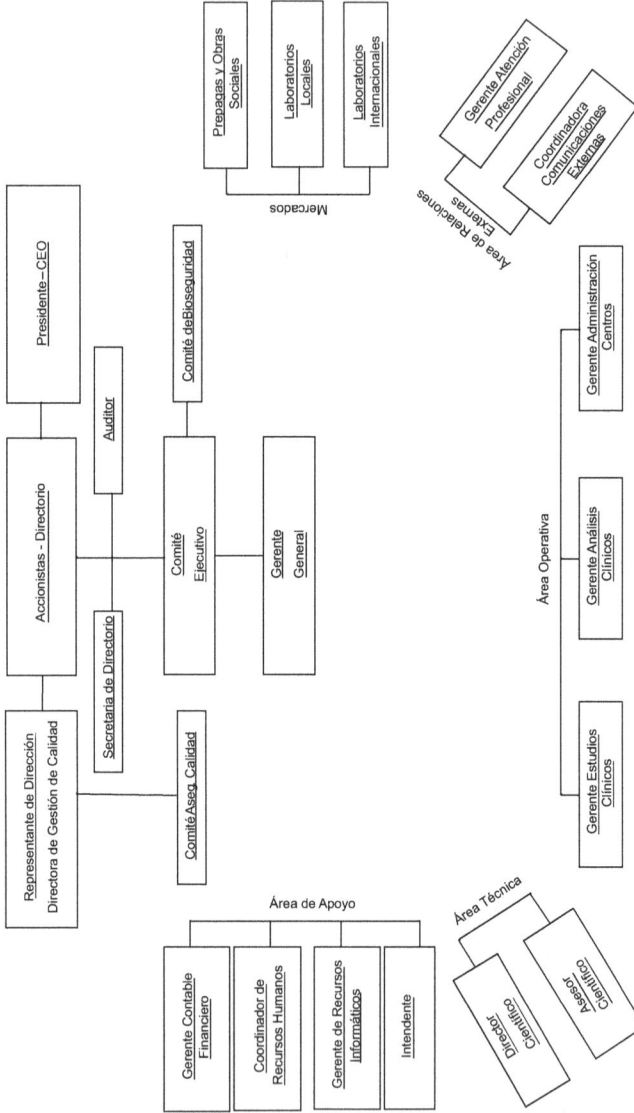

ORGANIGRAMA SISTÉMICO DE UN LABORATORIO DE ANÁLISIS CLÍNICOS
Diseño del autor

Anexo IX

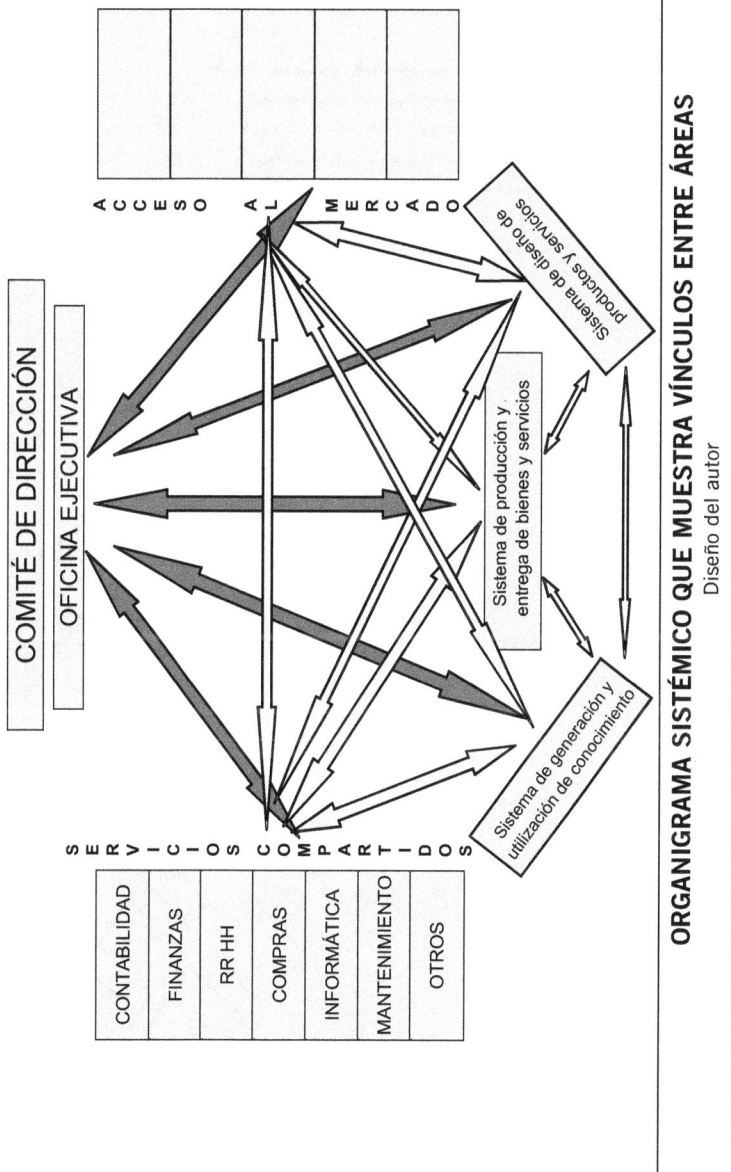

COMITÉ DE DIRECCIÓN

OFICINA EJECUTIVA

ACCESO AL MERCADO

Sistema de diseño de productos y servicios

Sistema de producción y entrega de bienes y servicios

Sistema de generación y utilización de conocimiento

SERVICIOS COMPARTIDOS

CONTABILIDAD

FINANZAS

RR HH

COMPRAS

INFORMÁTICA

MANTENIMIENTO

OTROS

ORGANIGRAMA SISTÉMICO QUE MUESTRA VÍNCULOS ENTRE ÁREAS
Diseño del autor

Anexo X

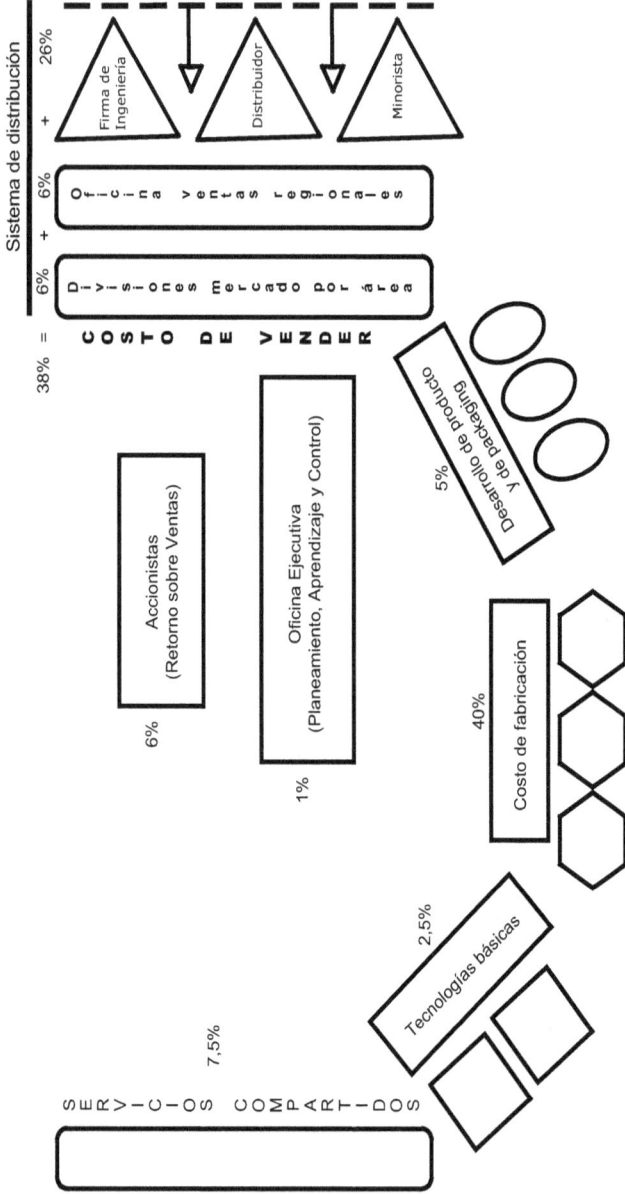

ORGANIGRAMA SISTÉMICO CUANTIFICADO (EMPRESA CARRIER)

Fuente: J.G.Gharajedaghi, *op. cit.* (1999), pág. 281

NOTAS BIBLIOGRÁFICAS

En materia de bibliografía, verdadera "deuda intelectual" que, como tantas otras deudas por estas latitudes, es enorme e impagable, también tengo mucho que agradecer. En esta sección se consignan aquellas referencias de las que soy consciente, pero sin duda han de faltar muchas que he olvidado o influencias que he recibido "sin notarlo". También se indican, capítulo por capítulo, algunas notas aclaratorias que he preferido excluir de la narración.

Como esta parte está dedicada a quienes quieran profundizar estos temas, parto de la premisa de que conocen el caudal bibliográfico básico de cada tema, en especial lo más difundido entre nosotros. Por eso, no se consignan todos los artículos aparecidos en revistas de obligada lectura, como las extinguidas *Contabilidad y Administración* y *Administración de Empresas,* las clásicas *Mercado, Apertura* y *Negocios* y las más recientes *Desarrollo y Gestión* y *Alta Gerencia,* así como en ciertas publicaciones institucionales de excelente factura, como la de IDEA, la del Consejo Profesional de Ciencias Económicas de la Capital Federal, y las de facultades de Ciencias Económicas de numerosas universidades del país y del exterior, sin hablar de la multitud de artículos y trabajos que se pueden consultar por Internet.

Del mismo modo, supongo que los interesados en el enfoque sistémico que campea en todo el libro (y que saben inglés) conocen las revistas del área, como *Systems Research and Behavioral Science* (Wiley), *Systems Practice and Action Research* (Plenum) o *The Systems Thinker* (Pegasus).

En las referencias bibliográficas que siguen he privilegiado aquellas obras loMintzcales que aportan enfoques de interés especial para el tema sin estar en la corriente básica más conocida, y asimismo cierta producción internacional alejada de lo técnico, pero que va al sentido último de las cosas. Las referencias a trabajos en inglés, algunos sólo publicados en congresos científicos, se incluyen porque solamente mencionando sus principales conceptos por parte de quienes han asistido puede hacérselos conocer a públicos más vastos.

Un agradecimiento especial merecen dos obras que han tenido singular influencia en este trabajo, una por el contenido y otra por la forma. En el primer caso se trata de *The Study of Society, a Unified Approach* ("El estudio de la sociedad, un enfoque unificado", Irwin Dorsey, Homewood, 1963) de Alfred Kuhn (no confundir con el Thomas Kuhn de "La estructura de las revoluciones científicas"). Este ha sido mi invalorable libro de cabecera para todo lo relativo al enfoque sistémico de la economía empresarial y será citado con frecuencia como "A. Kuhn, op. cit." en las notas que siguen.

En el segundo caso se trata del libro de Robert M. Pirsig, *Zen and the Art of Motorcycle Maintenance* ("El zen y el arte del mantenimiento de la motocicleta", Ed. Cuatro Vientos, Santiago de Chile, 1993). Esta obra, subtitulada "Una investigación sobre valores" (Bantam, Nueva York, 1974, edición utilizada Nº 28, 1982) narra la dramática travesía de un hombre en busca de la verdad, de *su* verdad. Aparte de presentar una maravillosa visión de lo que el autor denomina "el templo de la razón" (la Universidad) y el más profundo análisis que conozco sobre el concepto de calidad, utiliza un original estilo narrativo: capítulo tras capítulo, un padre va "pensando, hablando para sí" sobre ciertos temas, mientras recorre en moto, con su hijo y otra pareja, el trayecto que une las costas Este y Oeste de los Estados Unidos. Este deambular por zonas que probablemente pocos lectores conozcan, fue lo que me impulsó –salvadas las diferencias– a ambientar el escrito mío también en lugares que no todos habrán tenido la fortuna de conocer.

Quede claro que las referencias bibliográficas que siguen no son sustitutivas sino en gran parte complementarias de la literatura técnica aconsejada por la mayoría de los programas de Administración de Empresas de nuestras universidades. En muchos casos, tal literatura sólo se referencia globalmente, sin detallar textos, que de todos modos van cambiando. Por otra parte, no exageremos lo del cambio: para muchos de los conceptos básicos, conviene más ir a los clásicos que a reelaboraciones que acaban de ponerse de moda.

En las notas bibliográficas se han utilizado las siguientes siglas:

IDEA: Instituto para el Desarrollo Empresarial de la Argentina, entidad sin fines de lucro creada en 1960 para promover el crecimiento y competitividad del país y de sus empresas.

ISSS: International Society for the Systems Sciences, originariamente Society for General Systems Research, entidad que desde hace más de 40 años realiza las reuniones anuales sobre Teoría General de Sistemas y sus Aplicaciones. Fueron sus presidentes personalidades como Kenneth Boulding, Ross Ashby, Anatol Rappaport, Stafford Beer, Margaret Mead, Heinz von Foerster, Sir Geoffrey Vickers, Karl Deutsch, Russell Ackoff e Ilya Prigogine, entre otros.

GESI: Grupo de Estudios de Sistemas Integrados; antes Sociedad Argentina de Teoría General de Sistemas y Cibernética; Capítulo Argentino de la ISSS, creada por Charles François.

UBA: Universidad de Buenos Aires.

HBR: Harvard Business Review.

CAPÍTULO 1

1.1   Diálogos ficticios con esta hija también de ficción ya habían aparecido en las obras mencionadas en el Prólogo.

1.2   Cuando en este libro empleamos la palabra "organizaciones" nos referimos a todo tipo de ellas, desde escuelas o clubes deportivos hasta entes públicos descentralizados, pero fundamentalmente a empresas, por lo que ambas expresiones, organización y empresa, pueden entenderse como intercambiables, no obstante sus características propias.

1.3   Para la "Sistémica", campo de conocimientos, actitudes y acciones referido a toda clase de sistemas (naturales y artificiales, concretos y abstractos, mecánicos y vivientes, físicos y sociales, etc.) ver nuestro libro *Pensamiento sistémico: caminar el cambio o cambiar el camino* (Granica, 2003, 2005, 2008).

1.4   Ver obra citada en Nota 1.3.

1.5   Ver el Capítulo 32, "Las empresas como subsistemas de la sociedad" en Herrscher, E. G., y otros: *Administración: aprender y actuar* (Granica, 2009).

1.6   Aclaramos "propiamente dicho" para distinguirlo del pensamiento sistémico en sentido amplio, que según una de las clasificaciones habituales abarca toda la Sistémica que no corresponde a la Dinámica de Sistemas. Ver Herrscher: "Dinámica de sistemas - pensamiento sistémico - sistémica: un intento clasificatorio" (2007) presentado en el V Congreso Latinoamericano de Dinámica de Sistemas, en www.capsist.com.

1.7   Hay empero importantes contribuciones de mis dos referentes principales en el tema: **Charles François** y **Markus Schwaninger**, así como de mis maestros clásicos **Russell Ackoff**, **Jamshid Gharajedaghi** y **Mike Jackson**.

1.8   Charles François define así el término *metanoia*: "Es 'pensamiento meta'. Lo caracterizaría como un pensamiento racional de segundo nivel, o sea no sólo en secuencias monocausales y sin contexto. Sería un pensamiento que tuviera en cuenta las interacciones entre múltiples causas actuando simultáneamente, considerando el contexto" (comunicación personal).

1.9   *Das Metanoia Prinzip. Eine Einführung in systemgerechtes Denken und Handeln.* (El principio Metanoia. Una introducción a pensar y actuar sistémicamente), Verlag Franzbecker, Hildesheim, Berlin, 2006. Ver nota 1.24 más adelante.

1.10   Desde hace años, una prestigiosa entidad sistémica de Santiago del Estero, "FundAr Ingenio" de la Fundación Galileo Galilei, creada por Pedro Luna y presidida por Mercedes Clusella, se dedica a estudiar sobre lo transdisciplinario.

1.11   Ver nuestro trabajo "La Sistémica no es una disciplina" presentado en octubre de 2008 en las XIV Jornadas de Epistemología de las Ciencias Económicas (FCE-UBA), en www.capsist.com.

1.12   Ver *Planeamiento sistémico. Un enfoque estratégico en la turbulencia*. Granica, Buenos Aires, 2008, recientemente galardonado con "mención de honor" por la Academia Nacional de Ciencias de la Empresa.

1.13   Cuando no se está frente a una venta, o cuando la operación se realiza comprando las acciones a su valor de mercado, se supone que estas representan el valor de la empresa, y entonces la diferencia es entre (2) o (1) y (4).

1.14   Sin entrar en temas técnico-contables, que no son nuestro ámbito aquí, nos referimos solamente a la llave de negocio pagada como parte del precio de adquisición. Vale decir, dejamos de lado los aspectos frecuentemente citados por la amplia bibliografía como *origen* de tal precio adicional: ora la fama, prestigio y demás intangibles, ora la esperanza (por ejemplo, su valor actual) de superganancias futuras, o ambas. Pese a su antigüedad, aún recordamos el librito *Valor llave* del gran maestro de la contabilidad **Héctor Raúl Bértora**.

1.15   Recientemente desarrollamos este concepto en "El valor llave como indicador sistémico" (2008) presentado en las Jornadas de Contabilidad de Tierra del Fuego. Verlo en www.capsist.com.

1.16   No incluimos en este juicio los casos espurios –legal o moralmente objetables– en que el comprador paga por la empresa que compra con dinero que saca de fondos de la misma empresa comprada.

1.17   En la 3ª Reunión Regional de ALAS, Asociación Latinoamericana de Sistémica, celebrada en el Instituto Politécnico Nacional de Ciudad de México en noviembre de 2008, en la cual se presentó una versión preliminar de este tema.

1.18   Instituto Andino de Sistemas, creado hace muchos años por **Ricardo Rodríguez Ulloa** en Lima, Perú.

1.19   Instituto Politécnico Nacional, una de las tres grandes universidades mexicanas, cuya unidad sistémica está a cargo de **Ignacio Peón** y **Francisco Aceves**.

1.20 Centro Patagónico de Estrategias Sistémicas para el Desarrollo, coordinado por **Ricardo Barrera** en Trelew, Puerto Madryn y Comodoro Rivadavia, y en Ushuaia por Ricardo Frías.

1.21 Ver artículo de E. G. Herrscher "Elogio de la contradicción" en la revista *80/20* de ISCEA, Instituto Superior de Carreras Empre-sariales y Ambientales, Nº 2, diciembre de 2005 y en www.capsist.com.

1.22 Nos referimos a **Heinz von Foerster**, en muchos de sus escritos.

1.23 Nos referimos a **Werner Schad** y su libro *En canoa por ríos patagónicos,* Marymar, Buenos Aires, 1981, página 21.

1.24 Aquellos conflictos que cumplen tres condiciones: (a) responden a dos posiciones contradictorias; (b) ambas partes son razonables y tienen algo de razón; (c) ambas se necesitan mutuamente para existir. El término fue acuñado por Gerhard Schwarz, citado por **Günther Ossimitz** y **Christian Lapp** en *Das Metanoia Prinzip,* Franzbecker, Berlín, 2006, libro mencionado en la Nota 9 de este capítulo. Un ejemplo típico lo tuvimos en la Argentina con el llamado "conflicto del campo" en 2008/2009.

1.25 Ver más adelante el Capítulo 4 del presente libro: "La variable de la ganancia y el proceso de asignación de recursos".

1.26 Pedimos benevolencia al lector por esta licencia literaria-temporal. De la década de los '90, en que tuvo lugar esta excursión de rafting, saltamos a los años 2008 y 2009, en que se manifestó la crisis a que hacemos referencia.

CAPÍTULO 2

2.1 Ver, sobre este y muchos otros temas de este libro, la obra completa de **Peter Drucker**.

2.2. Los proyectos deben ser tanto rentables como competitivos. Ambas características se vinculan de un modo muy particular: una no puede existir (a la larga) sin la otra. Sin embargo, cada peso de excedente puede ir a los dueños (rentabilidad) o a los clientes (competitividad). Este tema fue desarrollado en E. G. Herrscher *Planeamiento Sistémico. Un enfoque estratégico en la turbulencia,* Granica, Buenos Aires, 2008.

2.3. La de "abogado del diablo" es una de las herramientas de planeamiento definidas, comentadas y criticadas en la obra de la cita anterior. En la empresa International Telephone & Telegraph, cuando era la séptima compañía del mundo bajo **Harold Geneen**, se desarrolló este sistema hasta el virtuosismo.

2.4.   Bajo el nombre de "Plan y contraplán", es otra de las herramientas que mencionamos en la cita anterior. Con nuestro amigo y mentor John van Gigch, que desarrolló este concepto, lo aplicamos hace años en varios seminarios y trabajos de consultoría en Buenos Aires.

2.5.   Ver la distinción entre "sistemas duros" (donde sabemos cuál es el problema a resolver) y "sistemas blandos" (donde el problema de principio es no saber cuál es el problema), desarrollada por **Peter Checkland** en su "soft systems methodology" (SSM, metodología de sistemas blandos). Consultar *Soft Systems Methodology in Action,* Wiley, New York, 1990.

2.6   Se refiere a **Russell Ackoff**, quien desarrolló el tema en una conferencia en ocasión de la 30a. reunión anual de la ISSS, de la que antaño fue presidente y luego lo incluyó en varios de sus escritos.

2.7   Para la distinción entre decisiones programables y no programables (así como entre programadas y no programadas, que no es lo mismo) obviamente nos apoyamos en las obras citadas en *Planemiento sistémico* (Granica, Buenos Aires, 2008). Para un enfoque eminentemente sistémico, ver **J. P. van Gigch,** *Decision Making about Decision Making* (Abacus, Cambridge, 1987)

2.8   En años recientes se desarrolló el concepto de "EVA" o Valor Agregado Económico, que afina y moderniza el procedimiento. Ver por ejemplo el capítulo "Value creation" en: *Management in Times of Continuous Change* de **Roberto L. Monti**, Fundación YPF, Bs. As., 1999. Ver también, del mismo autor, "Creación y medición del valor en las organizaciones", capítulo 12 en E. G. Herrscher: *Contabilidad y gestión. Un enfoque sistémico de la información para la acción,* Macchi, Buenos Aires, 2002; y, sobre todo, el Capítulo 1 del presente libro.

2.9.   Sobre la función social de la empresa, ver el capítulo 32 "La empresa como parte integrante de la sociedad" en E. G. Herrscher: *Administración: aprender y actuar* (Granica, Buenos Aires, 2009).

2.10   Ver *Executive Power* de **S. Srivastva** (Jossey-Bass, San Francisco, 1986), y *The Politics of Management,* de **D. Yates Jr.** (Jossey-Bass, San Francisco, 1985), entre muchos otros. Ver también, de **Hugo Settembrino,** el capítulo 22 "El poder en la organización" en el libro citado en la nota anterior.

2.11   El ejemplo del tránsito ordenado en horas tranquilas y desordenado en horas pico fue usado por **Ilya Prigogine**, en un comentario personal durante su visita a Buenos Aires en 1990, para explicar la "mezcla de orden y caos".

2.12. Ver el capítulo 8 "Redes y asociatividad" de E. G. Herrscher en su libro citado en Nota 9, y sobre todo *La sociedad red*, tomo 1 de *La Era de la Información* de **Manuel Castells** (Alianza, Madrid, 1996).

2.13 Para un desarrollo matemático del tema, ver el capítulo "Acerca de la aversión al riesgo" en *Teoría de la administración* de **R. H. Pérez**, Macchi, Bs. As., 1986. Ver también las referencias anteriores de **P. Drucker** y **H. Simon**.

2.14. La excepción sería la actividad aseguradora, las proyecciones de jubilaciones y rentas y demás casos basados en cálculos estadísticos, demográficos o de series de natalidad o mortalidad en función de tendencias de largo plazo.

2.15 Esto debe llamarnos no sólo a la prudencia, sino también a la humildad: el fracaso no siempre es producto de una mala decisión, ni el éxito la consecuencia necesaria de una buena. Así lo sostienen **D. G. Wirns** y **P. K. Chesterton** en *Decisiones y estrategia*, El Ateneo, Bs. As., 1973.

2.16 **R. L. Flood**, en *Rethinking the Fifth Discipline*, Routledger, 1999, desarrolla desde el punto de vista de la historia de la ciencia el concepto de que el cambio de paradigma que llevó al enfoque sistémico implica trascender la idea de que los sistemas sociales se rigen por las leyes de la física. Ver también sobre esto las obras de **Fritjol Capra**.

2.17 La idea de "bifurcación" es central en el pensamiento de **I. Prigogine**, tanto en sus obras *From Being to Becoming* (Freeman, San Francisco, 1980) y sobre todo *Order out of Chaos* (con **I. Stengers**, Bantam, New York, 1988), como en las alocuciones que efectuó cuando era presidente de la ISSS.

2.18 Para este tema está disponible toda la bibliografía administrativa desde **H. Fayol** hasta **H. Simon**, particularmente de este último (pese a sus años): *La nueva ciencia de la decisión gerencial*, El Ateneo, Bs. As., 1982. Más recientemente, ver Herrscher, E.R. y otros: *Administración: pensar y actuar*, Granica, 2009, sobre todo los capítulos escritos por Alfredo Rébori.

2.19. Ver el capítulo citado en la Nota 9.

2.20. La contraposición de "acción micro" y "acción macro" fue tratada en el Capítulo 1 del libro *Planeamiento Sistémico* citado en la Nota 2 de este capítulo.

2.21. Como se ha dicho en la Nota 26 del capítulo anterior, debemos pedir indulgencia al lector por esta "licencia temporal": entre la época en que el autor hacía estas caminatas y la del conflicto de marras transcurrieron casi 60 años.

2.22. El concepto de conflicto "aporético" lo debemos a una conversación con **Günther Ossimitz**, quien la desarrolló en *Das Metanoia Prinzip* citado en el Capítulo 1 del presente libro.

2.23. En la conferencia presidencial de la 49ª reunión anual de la *International Society for the Systems Sciences* (ISSS) en 2005, definí la Sistémica como "la ciencia del diálogo".

2.24. Tanto este texto como el que sigue fueron tomados de un escrito del consultor internacional **Alejandro Marchionna Faré** preparado para una versión anterior de este capítulo.

2.25. Aplaudo el cuidado terminológico de mi amigo Alejandro: "guiones" es la correcta traducción de "scenarios", conocidos (por un error de traducción) como "escenarios". Es otra de las herramientas –una de las principalísimas– consignadas en el libro *Planeamiento Sistémico* citado en Nota 2 y que fue desarrollada en varios trabajos por **Arie de Geus** y **Adam Kahane** en base a las experiencias en la empresa Shell, así como su aplicación en Sudáfrica y en Guatemala.

2.26. Ver Nota 24.

2.27. Se trata de la misma "licencia temporal" expuesta en la Nota 21.

CAPÍTULO 3

3.1 Ver sobre este concepto los tres fundamentales trabajos de **Pedro Pavesi** en *Contabilidad y Administración*, VI, pág. 493; VII, pág. 161; y IX, pág. 987, de junio 1980, febrero 1981 y diciembre 1981, respectivamente.

3.2 Ver Capítulo 6 de este libro, acerca de los mapas de estructura.

3.3 Existen innumerables obras acerca del registro, análisis y control de los costos que no corresponden a nuestro tema aquí. Con mayor relevancia, ver los escritos de **Oscar Bottaro**, **Adolfo Bustos** y demás trabajos de aplicación. De significativo valor y encomiable continuidad son los trabajos que promueve el Instituto Argentino de Profesores Universitarios de Costos (IAPUCO), en sus reuniones anuales. Desde un enfoque alternativo (en parte muy criticado por muchos especialistas), ver las ideas renovadoras, eminentemente sistémicas, en los libros de **Eliahu Goldratt**, en especial *The Goal: a process of ongoing improvement* (1984/1986) y *The Haystack Syndrome: Sifting Information Out of the Data Ocean* (1990), ambos: North River Press, Great Barrington, MA. Hay traducción de todas sus obras en Granica, Buenos Aires.

3.4 Que efectivamente llegó en la segunda mitad de 2008. Vale lo dicho en las Notas 21 y 27 del capítulo anterior sobre los "saltos" en el tiempo.

3.5 A este problema y cómo superarlo, dedica sus esfuerzos el **Club de Roma**, otrora importante organización no gubernamental creada en 1968 por el recordado **A. Peccei**. Para un enfoque argentino de la problemática que planteó en su momento esa entidad, ver el aporte de **J. A. Sábato** en *On Growth Two* compilado por **W. L. Oltmans**, Putnam, New York, 1975, págs. 37 a 43, que describe la contribución del "modelo alternativo" elaborado en aquella época por la **Fundación Bariloche**. Curiosamente, lo que entonces era alternativa, hoy en día se corresponde mucho más con el pensamiento actual de la comunidad científica.

3.6 **Bernardo Kliksberg** desarrolló este tema, muy estudiado por el BID y el Banco Mundial, en varias conferencias en la Facultad de Ciencias Económicas de la UBA: a los ya conocidos *capital físico* (mayormente recursos naturales), *capital creado* (mayormente fábricas, equipos, infraestructura) y *capital humano* (mayormente educación y salud) se agrega ahora el *capital social* (mayormente la confianza, el espíritu cívico, la tolerancia, la honestidad y la sensibilidad de la población de un país), definido sintéticamente como "la confianza que se tiene a quienes no son de la propia familia". La "novedad" es que ese "capital social", tanto o más que los otros tres, se reconoce hoy como principal factor de la productividad. Ver, del citado Kliksberg: *Más ética, más desarrollo* (Temas, Buenos Aires, 2004).

3.7 Al respecto, ver *Calidad y productividad total* de **L.V. Perel**, **I. Blanco** y **C. Shapira**, Tesis, Bs. As., 1991, y muchas otras obras que tratan el tema.

3.8 Nos referimos a **Marcelo Diamand**, nuestro prologuista de la primera edición de esta obra.

3.9 Ver P. B. Checkland: *Systems Thinking, Systems Practice* (Chichester, UK, 1981).

3.10 Esto corresponde al clásico concepto de que la educación no es un gasto sino una inversión, constante prédica de los ministros de Cultura y Educación de la Nación que he conocido.

3.11 Lo significativo del punto es aclarado muy bien por **J. P. van Gigch** en "Enfoque sistémico de la productividad organizacional", Ca-

lifornia State University, Sacramento, 1990: "Llamamos morali-
dad del sistema a la necesidad imperativa de asignar la responsabilidad social de cualquier perjuicio o beneficio a quien se lo
merece... Desde este último punto de vista, es más justo imponer
el costo entero de producir acero sobre los productores y los accionistas, en vez de hacerlo sobre vecinos y agricultores que no
tienen nada que ver con el asunto. Estos no pueden controlar la
situación y, además, no se les pidió opinión respecto de si quieren o no respirar aire contaminado".

3.12   El hecho de que sea difícil medirla no debe hacer que a tal responsabilidad se le dé menor importancia. A ello se refirió **Wi-
llian Leslie Chapman** en su disertación de incorporación a la Academia Nacional de Ciencias Económicas: "Dificultades para medir
la cuantía del beneficio social neto de la actividad económica de
las empresas públicas y privadas", Bs. As., 1981. Allí enumeró los
siguientes grupos que integran el contexto social y son afectados
por la acción empresaria: "1. los actuales o futuros propietarios
de capital; 2. los consumidores o usuarios; 3. los proveedores de
bienes y servicios para la empresa; 4. el personal de la empresa;
5. los entes gubernamentales relacionados con la empresa, y 6.
el contexto urbano y ambiental, globalmente considerado".

CAPÍTULO 4

4.1   Muy bien lo expresó **Manfred Max Neef** en una reunión anual
del **Club de Roma** (Uruguay, 1991) al explicar el "umbral" más
allá del cual la riqueza no contribuye al aumento de la felicidad.

4.2   Todo el tema que se llama *asignación de recursos,* o sea el análisis de las ventajas, fallas y limitaciones del sistema de mercado,
está basado en buena parte sobre el capítulo "The society as a
decision system for private goods" de **Alfred Kuhn**, *The Study of
Society - A Unified Approach* (El estudio de la sociedad. Un enfoque unificado), Irwin Dorsey, Homewood, 1963, (págs. 560 y ss.)
obra fundamental (pese a su antigüedad) que ha inspirado varios
de estos conceptos.

4.3   En mis clases suelo utilizar, medio en broma y medio en serio,
el "modelo del tanque del inodoro", conocido ejemplo de sistema de regulación en Dinámica de Sistemas.

4.4   Ver el capítulo 32 de *Aprender y Actuar - Management Sistémico
para PyMES,* de E. G. Herrscher y otros (Granica, Buenos Aires,

2009), que plantea como aspecto especialmente crítico el crecimiento desmesurado de empresas vía fusiones, vulnerando en la práctica la necesaria defensa de la competencia.

4.5   Es importante destacar que la definición de bienes públicos, según se señala en **A. Kuhn**, op. cit. y en numerosas otras obras de economía, se basa en la "indivisibilidad intrínseca" de los bienes y no en el tipo de entidad que los provee. Vale decir que hay bienes públicos provistos por entes públicos (lo común), bienes públicos provistos por entes privados (casos especiales que deben ser sumamente regulados y controlados; por ejemplo: transporte público urbano), bienes privados provistos por entes privados (lo común) y bienes privados provistos por entes públicos (cuando debe primar el interés estratégico del país por sobre el interés particular, única justificación para este caso excepcional; por ejemplo: transporte aéreo de cabotaje por línea de bandera, cuando pretendemos que atienda no sólo rutas rentables sino que integre el país).

4.6   Con respecto a "imponer costos a otros" cabe consignar como uno de los ejemplos más dramáticos lo ocurrido mientras se escribía este libro: la tala indiscriminada de árboles en la provincia de Salta, que eliminó la contención natural en caso de inundación. Cuando esta se produjo y llegó el agua a la localidad de Tartagal, gran parte del pueblo se desbarrancó y se lo llevó la correntada, con todo lo construido, bienes, útiles, semovientes y algunos habitantes que no pudieron salvarse.

4.7   Me refiero a **Amitai Etzioni**, quien desarrolló este concepto en 1991 en el discurso de cierre de la tercera reunión anual de la Society for the Advancement of Socio-Economics, entidad de la que fue fundador y primer presidente. La conferencia, cuyo título era "A Socio-Economic Perspective on Friction", giró alrededor del concepto de "fricción", conjunto de factores que –al igual que en física– entorpecen el normal funcionamiento de un sistema. Tales factores de ningún modo pueden suponerse inexistentes, no significativos o no merecedores de atención, como sucede algunas veces en ciertos enfoques de economía clásica.

CAPÍTULO 5

5.1   Un brevísimo pero muy preciso análisis de la composición de los precios puede verse en "Precio de venta: criterios para su oferta y su aceptación" de **G. Singer Jonker**, nuestro recordado maestro en muchos temas de economía empresarial. Se trata del *Cuaderno de Administración,* año 1, Nº 1, de la Facultad de Ciencias Sociales y Económicas de la Universidad Católica Argentina, y sigue los lineamientos de la obra fundamental de este autor: *Costo industrial y control presupuestario,* Macchi, Bs. As., 1972. Respecto de la formación de los precios, ver también **E. G. Herrscher:** "¿Cómo calculamos nuestros precios?", en *Contabilidad y Administración,* marzo 1981. Ver también **Thomas T. Nagle y Reed Holden,** *Estrategia y tácticas para la fijación de precios,* Granica, Barcelona, 1998.

5.2 De ningún modo postulo perpetuar el ancestral método que en algunas conferencias he criticado como "cost-plus". Uso esa expresión, originada en un método de contratación con el Estado que ha caído en desuso por sus abusos, en el sentido peyorativo de admitir cualquier costo, lo que equivale a tirar todas las ineficiencias para adelante, y que las pague el consumidor final. En cambio, lo que aquí denominé "vía costo" supone que el empresario se ha ocupado de los costos, y mucho: sabe que esa es la base de su competitividad, de modo que es su costo competitivo el que, en esa alternativa, sirve de base al precio. Ver Capítulo 3.

5.3. Conviene justificar la palabra "voto" aplicada a la decisión de compra por parte de un cliente. Proviene del ya citado Alfred Kuhn (Nota 2 del capítulo anterior), quien distingue el "voto voto" (la decisión política, teóricamente en base al bien común, que toman los representantes de la comunidad) del "voto peso" (la decisión comercial, tomada por los compradores individualmente en base a sus preferencias y al dinero que tengan).

5.4 Ver antes en este capítulo.

5.5 Fue **J. K. Galbraith** en *El nuevo estado industrial,* Ariel, Barcelona, 1972, quien comenzó a desarrollar el concepto de que, además de la mano invisible, había otra bien visible, y que generalmente la oferta es más poderosa que la demanda.

5.6 El tema no es afirmar una verdad absoluta sino no inducir a error. En los Estados Unidos hace unos años prohibieron publicitar que determinado pan tenía menos colesterol que sus competidores. Era cierto, pero era porque las tajadas eran más delgadas... "No afirmar cosas que no son" no sólo es esencial en materia de publicidad. Es mucho más vital aún en el ámbito social y político, donde la manipulación puede llegar al horror. Ver "Malvinas/Falklands: Three Media wars", trabajo para la cátedra de "Anthropology of

Media" de la Escuela de Posgrado en Periodismo de la Universidad de Columbia, USA, de **Roberto M. Herrscher**, sus restantes trabajos sobre ética e impacto social en periodismo, y su reciente "Periodismo Narrativo" (Ed. Universidad Finis Terra, Santiago de Chile, 2009).

5.7 Ver lo dicho en el capítulo anterior sobre el peligro de debilitar o anular la competencia mediante "arreglos non sanctos" o procesos de concentración y/o de crecimiento ilimitado vía fusiones y absorciones sólo fundamentadas en una tendencia malsana al monopolio.

5.8 Nos remitimos a la amplia bibliografía sobre un tema que pareciera no estar de moda, pero que consideramos puede tener pronto un nuevo auge pues representa, dentro del sistema, una alternativa a lo que algunos llaman *capitalismo salvaje*. Ver también **P. Drucker, Dave Ulrich, L. Thurow, S. Covey y Frances Hesselbein**, *La comunidad del futuro, Fundación Drucker*, Granica, Barcelona, 1999.

5.9 El ejemplo más contundente es la cooperativa Mondragón de España, que salvó a todo un pueblo de la desocupación y del desastre. Entre nosotros, un excelente ejemplo es la función crediticia con respecto de las PyMES que cumple el Banco Credicoop, independientemente de si jurídicamente está más en el régimen de bancos o en el de cooperativas. Otro ejemplo de excelencia es la labor que realiza la Subsecretaría de Cooperativas y Mutuales de la Provincia de La Pampa, cuyo trabajo de integración se ha convertido en un modelo exportable.

CAPÍTULO 6

6.1 Ver en Herrscher, E. G.: *Planeamiento Sistémico. Un enfoque estratégico en la turbulencia* (Granica, Buenos Aires, 2008), pág. 126, definición, ventajas y peligros de esta herramienta, injustamente desvalorizada por autores que a toda costa quieren presentar "algo nuevo".

6.2 La versión "planeamiento", promovida en la obra citada en la nota precedente, tiene además de los cuatro campos tradicionales, dos más: qué hacer para superar las debilidades y qué hacer para disminuir la probabilidad o los efectos de las amenazas.

6.3 Otra de las herramientas descritas, con sus ventajas e inconvenientes, en el libro citado en Nota 6.1 (pág. 149).

214

6.4   Otra de las herramientas descritas, con sus ventajas e inconvenientes, en el libro citado en Nota 6.1 (pág. 120).

6.5   Una cosa es "implantar" una *decisión* específica en línea con las decisiones generales previas, y otra es "implementar o ejecutar" (que utilizamos como sinónimos) una *acción* como consecuencia de aquella decisión.

6.6   Las cuatro variantes fueron utilizadas en E, G. Herrscher en "Hyperinflation, Culture and Morphogenetic Economics in Argentina" (con **R. M. Herrscher** y **M. Diamand**) en *Context and Complexity* de **Magoroh Maruyama** (ed.), Springer Verlag, New York, 1992.

6.7   Al principio se solían utilizar los signos "más" y "menos" pero se vio que creaban confusión, de modo que se pasó en muchos casos a "s" (por "similar") y "o" (por "opuesto"), que es lo que ahora prefiero. Afortunadamente, en castellano las iniciales son las mismas que en inglés y se pueden mantener.

6.8   La expresión proviene de SASE, *Society for the Advancement of Socio Economics*, entidad fundada por el ya citado **Amitai Etzioni**, quien acertadamente postula, desde una visión sistémica y humanística, que no se puede hablar de Economía sin Sociología ni viceversa.

6.9   Sobre Etzioni y SASE, ver Nota 6.8.

6.10 **Charles François**, fundador y presidente honorario del GESI, Grupo de Estudios de Sistemas Integrados y autor de la *International Encyiclopedia of Systems and Cybernetics* (2ª ed., Saur, Munich, 2004), conocida y utilizada en todo el mundo.

6.11 Ver nuestra visión de estas dos ramas (con la cual muchos quizás disientan) en Herrscher, E. G.: *Pensamiento sistémico: caminar el cambio o cambiar el camino*, Granica, Buenos Aires, 2003.

6.12 La más notoria aplicación de la Dinámica de Sistemas a la resolución de problemas prácticos la constituyen los "arquetipos" difundidos por **Peter Senge** en su popularísima *La quinta disciplina* (original: *The Fifth Discipline. The Art & Practice of the Learning Organization*, Doubleday, 1990 y muchas reimpresiones; versión en castellano: *La quinta disciplina*, Granica, Buenos Aires).

6.13 Dice Charles François, a quien debo la aclaración: "Si bien es la terminología generalmente en uso, hay que recordar que 'entradas' y 'salidas' son *lugares*. Y, en realidad se habla de 'ingresos' y 'egresos', o sea *procesos*" (comunicación personal).

6.14 Nos referimos al eximio matemático **Heinz von Foerster**, que desarrolló este concepto en varias de sus obras y en comunicación personal.

6.15   Para estas y otras definiciones de Cibernética, ver la monumental *International Encyclopedia of Systems and Cybernetics* de **Charles François** (K. G. Saur, München, 2004, 2ª edición) tomo I, páginas 145 a 148. Se trata de la obra más valiosa y completa de referencia para este campo del conocimiento. En castellano ver, también de **Charles François**: *Diccionario de Teoría General de Sistemas y Cibernética. Conceptos y términos* (Ed. GESI, entonces Asociación Argentina de Teoría General de Sistemas y Cibernética, hoy Grupo de Estudios de Sistemas Integrados, Buenos Aires, 1992). Una de las primeras obras clásicas con la orientación actual es *Cibernética y sociedad* del mismo **Norbert Wiener** (Sudamericana, Buenos Aires, 3ª edición, 1988).

6.16   Todo lo que sigue en este apartado del presente capítulo (excepto ciertos cambios de nomenclatura, debidamente señalados) está tomado del magnífico libro *Diseño y diagnóstico de organizaciones viables. Un enfoque sistémico* de **José Pérez Ríos** (Ed. del autor, Valladolid, 2008). Ver también **Kunc, M.**, "Using systems thinking to enhance strategy maps". *Management Decision* 46 (2008):761-778.

6.17   Ver, de **Stafford Beer**, *The Heart of Enterprise* (1979), *Brain of the Firm* (1981), *Diagnosing the System for Organizations* (1985) y *Beyond Dispute. The Invention of Team Syntegrity* (1994), todas editadas por Wiley, Chichester. Ver también **Espejo, R.**, y **Harden, R.** (ed.): *The Viable System Model. Interpretations and Applications of Stafford Beer's VSM*. Wiley, Chichester, 1989, y **Espejo, R.**, y **Schwaninger, M.** (eds.): *Organizational Fitness: Corporate effectiveness through Management Cybernetics* (Campus Verlag, New York, 1993).

6.18   En rigor, son subsistemas del sistema que abarca la organización en cuestión, cualidad tipo fractal o de "muñecas rusas" típica de la Sistémica en general y muy especialmente de esta metodología en particular.

6.19   El "empalme" es fundamentalmente con el ya citado libro *Planeamiento sistémico. Un enfoque estratégico en la turbulencia*, E. G. Herrscher (Granica, Buenos Aires, 2008).

6.20   Salvo lo dicho de las "etiquetas", las explicaciones que siguen están tomadas lo más fielmente posible del libro citado de **José Pérez Ríos** (ver Nota 6.16).

6.21   Debo este término al brillante directivo de IBM, tempranamente fallecido, **Sigi Lichtenthal**, quien lo acuñó para señalar la necesidad de un "operador sistémico" que coordine esfuerzos en organizaciones complejas. Él pensaba más en una función unipersonal, mientras que aquí es más amplia.

6.22 Esta calificación, que remite a los dueños o accionistas, es nuestra, no surge de Beer ni de Ríos. En cambio, tiene que ver con el "nivel normativo" que debemos a **Markus Schwaninger** (ver su modelo expuesto en mi libro citado en Nota 6.1). Este nivel lógico, garante de la identidad y legitimidad de la organización, está en las obras de Schwaninger (y nuestras) algo más distante de la conducción ejecutiva que en el modelo de Beer: la encontramos más cerca de algunos "Board of Trustees" norteamericanos, del "Aufsichtsrat" alemán, del "Consejo Asesor" de algunas empresas de familia en Latinoamérica, o del "Consejo de Ancianos" de ciertas comunidades indígenas.

6.23 En el libro de **J. Pérez Ríos** citado en la Nota 6.16, página 11.

6.24 Según la *Encyclopedia* de **C. François** citada en Nota 15, la *recursión* es "un mecanismo de autorreproducción circular de componentes o relaciones en un sistema (…). Por ejemplo, una ramificación fractal" (pág. 489), mientras que *fractal* es "una figura similar a sí misma a diferentes escalas. La base conceptual de los fractales es la autosimilitud a través de la variación de escala" (pág. 237).

6.25 Principalmente **Allenna Leonard** y los ya citados **Markus Schwaninger**, **José Pérez Ríos** y **Raúl Espejo**.

6.26 En el Capítulo 4, "Introducción al concepto de sistema y de su aplicación al funcionamiento de las empresas", de Herrscher, E. G.: *Introducción a la Administración de Empresas. Guía para exploradores de la complejidad organizacional*, Granica, Buenos Aires, 2000.

6.27 Tal es así, que reiteradamente empresarios me piden asesoramiento "sistémico" por haber leído mi libro *Pensamiento Sistémico* ya citado, y terminan instalando el "mapa" que describimos aquí.

6.28 Ver, de **Jamshid Gharajedaghi** (socio y continuador de **Russell L. Ackoff**) en *Systems Thinking. Managing Chaos and Complexity. A Platform for Designing Business Architecture* (Butterworth Heinemann, Oxford, 1999), sus diseños de arquitectura organizacional, adaptados y comentados en mi libro *Pensamiento Sistémico* (2003) citado en Nota 6.11.

6.29 Ver Capítulo 1 del presente libro.

6.30 En el ya citado *Planeamiento Sistémico. Un enfoque estratégico en la turbulencia* (Nota 6.1), siguiendo a **Markus Schwaninger**, se explican los fundamentos y características de estos tres niveles lógicos.

6.31   Si bien los cuatro ejemplos que siguen responden a elaboraciones propias del autor para determinados clientes, todas se basan en el modelo descrito por **Jamshid Gharajedaghi** en el libro citado en Nota 6.28. En cambio el quinto ejemplo, el modelo numérico presentado en el Anexo x, está tomado literalmente del libro aludido.

6.32   Se trata del Presupuesto de Carrier Corporation, líder mundial de sistemas de aire acondicionado, expuesto por **J. Gharajedaghi** en el libro citado en Nota 6.28 (página 281), traducido y reproducido en la página 189 de mi libro *Pensamiento Sistémico,* citado en Nota 6.11.

6.33   En un curso de Teoría de Sistemas en la Facultad de Ciencias de la Comunicación de la UCES, este fue el tema que más llamó la atención de los alumnos, por su implicancia "revolucionaria" (así decían) sobre las comunicaciones internas.

ÍNDICE ONOMÁSTICO

www.ingramcontent.com/pod-product-compliance
Lightning Source LLC
Chambersburg PA
CBHW060548200326
41521CB00007B/530